JN092683

＃子どもたちにもう１人保育士を！

新型コロナウイルス感染症と共に過ごす日々は、これまでの"あたりまえ"を見直さなければならない状況に、全国の保護者・保育者を直面させました。
見直さなければならない"あたりまえ"の一つに保育士配置基準があります。
日本の保育士の配置基準は、１、２歳児で６人に１人、４、５歳児では30人に１人です。
毎年のように悲しい保育事故のニュースがメディアから流れます。その背景には長年放置されてきた保育士の配置基準の問題が横たわっています。先進諸国の中でも著しく低い今の日本の配置基準のままでは子どもたちの「命」と「ゆとりある発達」が守られません。
保育現場の負担と努力の上に成り立っているこの"あたりまえ"を変えたい…その思いを実現するため、保育者と保護者が力をあわせて「子どもたちにもう１人保育士を！」実行委員会を愛知で立ち上げました。

※本リーフレットは実行委員会に参加している父母が中心となり作成しました。

子どもたちにもう１人保育士を！実行委員会提供

保育者も保護者も共に。

「もう1人保育士を・・・」の願いは保育者だけのものでも保護者だけのものでもありません。
今、さまざまな立場の人々が手をつなぎ、声をあげています。

2022.4.22 記者会見

実行委員会が行った保育者
向けのアンケートの結果を
もとに記者会見を開き、保
育者・保護者から現場の声
を発信しました。
保育者向けアンケートの回
答数は2,648件にのぼりまし
た。

3社で新聞報道されました

（2022.4.23 毎日新聞）

保育士・給食職員・園長
な声が次々と話されまし
報告も行われ、当日は会
りました。

愛知選出の国会議員
からも発言がありました

保育者向けアンケートの結果から

実施期間 2022.2.4〜3.31　　回答数 **2,648** 件

危険と感じる場面	回答数	率
地震・火災など災害時	2,222	84%
防犯上	1,561	59%
食事の場面	923	35%
午睡時	597	23%
プールなど水遊び	1,534	58%
お散歩	1,584	60%
園庭・室内での活動	881	33%
早朝夕刻時の保育	1,148	43%
その他	67	3%

Question 国の保育士配置基準では子どもの命と安全を守
れないと思う場面を選んでください（複数回答）

災害時に子どもの命を守れないと感じている保育者が
8割を超えています。また、お散歩・食事・早朝夕刻

保育・日常の遊びなどでも
不安に感じる保育者が多く、
勤務時間の多くの時間におい
て、強い緊張状態が強いられ
ています。

Voice
子どもの発達には個人差があり、1歳児でも歩けない子がいる中6対1の配置では全く十分
ではない。おんぶ、抱っこ、両手をつないでも守れるのは4人まで。残りの2人を声掛けで
避難など到底無理。食事の時、丁寧に接してあげたいと思うがお茶をこぼしスプーンを落としなど対
応に追われ十分にできない。／子どもの自主性を育てたいが、安全面は守れるのかという点でいつも
行動に制限をかけてしまう。保育士がたくさんいれば子どもの自由な発想や行動に寛大になれる。

2022.6.26 東山動物園前アピール

のぼりや横断幕を掲げ、歌も歌いながら「#子どもたちにもう1人保育士を！」と150人でアピールしました。

多くの方が足を止めて私たちの思いを聞いてくれました。活動への理解を広げることができたことにあわせて、「これだけ多くの人が同じ思いで行動しているんだ」と実感できる場にもなりました。

当日の参加者は**150**人！

シール投票も実施

2022.5.21
ンポジウム

ど様々な立場の方から切実
保護者向けアンケートの中間
をあわせて250人の参加があ

院議員　　　岬まき衆議院議員

保護者向けアンケートの結果から

実施期間　2022.4.25〜6.30　　回答数 **1,467** 件

ある
80%

Question　子どもを保育園に預けているなかで職員が足りていない、
または余裕がないと感じる場面に遭遇したことはありますか？

8割の保護者が「職員が足りていない」と感じる場面に遭遇したことがあると回答しています。保育士の配置基準改善は、保護者にとっても切実な問題です。

Voice

　朝、6人の1歳児を1人の保育士がみていましたが、そのうち3人は走ることのできる子ども、他の2人は機嫌の悪い子ども、残りの1人まだヨチヨチ歩きの子どもでした。そのヨチヨチ歩きの子どもが私の子でしたが、出勤の迫る中、心配な気持ちを抑え保育士へ預けました。しかし、案の定1時間もしないうちに転倒し前頭部に大きなコブができてしまったと連絡がありました。色々な月齢の集まりの中で危険はつきもので6対1体制では防ぐことのできなかった例だと感じました。もし3対1体制であったならば防げたであろうと悔やまれます。国には早急に保育体制の見直しを行ってほしいです。このままでは心配な中、子どもを預けなくてはいけないし、一生懸命してくださっている保育士さんも辛いと思います。少子化の打開策はお金の解決や子作りだけではありません。子どもを育てる環境作りも同じように大切です。

子どもたちのために さぁ 山を動かそう！

わたしたちが目指すのは、ひとりひとりの子どもの声に耳を傾けられる保育、
災害などのいざというとき、子どもたちの命を守れる保育、
保育者も保護者も子どもたちのために手を取り合える保育です。

日本では4、5歳児の配置基準は74年間も変わらぬまま現在に至っています。
この長年動かなかった山を「今」わたしたちの力で動かしましょう。
そのためには多くの人の「声」が必要です。「＃子どもたちにもう1人保育士を！」
の合言葉を全国に広げるためにあなたの力を貸してください。

声を広げるために
★ SNSで拡散　★ リーフレットやチラシの配布や掲示
★ 実行委員会、シンポジウム、オンライン交流会等への参加
※実行委員会等への参加を希望される方はTwitterのDMからご連絡ください

Twitterアカウントはこちらから

活動報告や予定について発信します
ぜひフォロー・拡散をお願いします
「＃子どもたちにもう1人保育士を！」
であなたの思いをつぶやいてください

実行委員会の特設サイトはこちら

保育者・保護者向けアンケートの
まとめ、このリーフレットやチラシ
等もこちらのサイトからダウン
ロードできます

みんなの願いを可視化したい

皆さんは「もう1人自分がいたら…」と考えたこ
と、ありませんか？
　親だって人間ですから、寝不足が続けばイライラも
すれば疲れもします。「このまま夕飯も食べずに寝て
しまいたい」と、だるい体を起こして夕飯を作ると
き、「自分がもう1人いたらなー」と私はつい考えて
しまいます。
　それは保育士さんたちも変わらないと思います。保
育士さんのアンケートから表れてきたのは「余裕があ
れば子どもたちや保護者さんへもっと丁寧に対応した
い」という思い、保護者さんのアンケートからは「ト
ラブルは起きたけれど、この保育士さんの数では対応
しきれないよね」という冷静な意見でした。誰も悪く
ないのに、皆が良くなることを望んでいるのに、なぜ
こんなに大変なんでしょうか？
　まずは「もう1人保育士さんを増
やしてほしい」という意見が、本当
にたくさんあることをみんなで可視
化していきたいです。

名古屋市内公立保育園
保護者　松本 早紀子

保育第一の環境を考えて

　赤ちゃんってこんなにもずーっと抱っこしてな
いといられないなんて、産んでみるまで思っても
いませんでした。生後57日目で預けた眠りの浅い
二男は、ずーっと抱っこしてもらいっぱなし。先
生の腕がベッドでした。スリングに長男を入れた
ままトイレに行った日々を今は笑って話せるの
は、保育園で先生方に子も母も寄り添ってもらい、
認めてもらってきたからです。
　地下鉄に乗せて出かけ、楽しい経験をさせてく
れる。プールに入れてくれる。ハサミの使い方や
絵を描く楽しさも、教えてもらえる。どれも目や
手を離せないのに、先生方はいつトイレに行くの
だろう。水分補給はできているんだろうか。他人
の子なのに幸せそうに1日中抱っこして、嬉しそ
うにその日の成長を話してくれる
方々に、長く楽しく働いてもらい
たい。その環境を作れるのなら…
と思ってこの運動に参加させても
らっています。

名古屋市内民間保育園
保護者　下里 世志子

【発行】子どもたちにもう1人保育士を！実行委員会　保護者部会　2022年8月

保育を見つめ語らい変える No, 1

時代遅れの保育士配置基準を
いますぐアップデートすべき
これだけの理由

子どもたちに
せめてもう1人
保育士を

執筆
浦島千佳
朝日新聞
加藤沙波
毎日新聞
中井なつみ
朝日新聞
田渕紫織
朝日新聞
奥野斐
東京新聞
堀井恵里子
毎日新聞
伊藤舞虹
朝日新聞

協力
子どもたちにもう1人
保育士を！実行委員会

ひとなる書房

おさんぽに　おててつないで　いきたいな

三十人　子どもの体力　百人なみ

ねぇ聞いて　すでに先客　両ひざおんぶ

はじめに

　保育をめぐるニュースはいま、待機児童問題から「保育の質」へ、大きく流れが変わりつつあります。国主導の急速な「量（受け皿）」整備の結果、そのひずみが保育士不足や不適切な保育、園児の置き去り事故などとして表面化し、それとともに日本では保育士１人が受け持つ子どもの人数が多すぎるという「配置基準」の問題にも焦点があたるようになってきました。

　この本は、保育問題を取材してきた新聞記者７人が配置基準にテーマをしぼって執筆しました。それぞれが問題意識をもち、これまでの蓄積やネットワークを生かして、現場から、制度から、人々の思いから、保育の「いま」を伝えています。新聞社の垣根を越えて１冊の本にできるのかと不安もありましたが、こうして完成に至ったのは、１歳児は６人、４・５歳児なら30人を保育士１人でみるという「こんな配置基準はおかしい」との共通の思いや改善への願いがあったからだと思います。「子どもたちにもう１人保育士を！」運動にかかわるみなさん、ひとなる書房編集部の松井玲子さんの熱意に背中を押されました。この場を借りてお礼申し上げます。

　一方で、なぜ何十年も配置基準が変わらないのかを考えたとき、政治や行政の意思決定層に保育現場を知る人が少ないことや、日本社会のジェンダー構造の問題も無関係ではないでしょう。メディアも人ごとではなく、保育に関心を寄せる記者の輪をもっと広げなければと常々感じています。

　多くの人に保育の現状を知ってもらい、子どもたちを育む環境をよりよく変えていきたい。この本が、手に取ってくださったみなさんの気づきや行動のきっかけになれたらと願っています。

2022 年 12 月

東京新聞社会部記者　奥野斐

子どもたちにせめてもう１人保育士を
時代遅れの保育士配置基準をいますぐアップデートすべきこれだけの理由

目次

はじめに
3

第 **1** 部

現行保育士配置基準下の
子どもと保育士たち

1 子どもたちにもう１人保育士を！
「のろい」を解きはじめた保育士たち
8
朝日新聞名古屋報道センター記者
浦島千佳

2 やっぱり先生たちは大変だったんだ
ともに声をあげる保護者たち
30
毎日新聞中部報道センター記者
加藤沙波

3 保育全体に悪影響をおよぼす低い配置基準
すり減っていく保育士としてのアイデンティティ
43
朝日新聞東京本社くらし報道部記者
中井なつみ

第**2**部

70年の呪縛を解く

いま、配置基準を改善することの意味

1 保育士のがんばりに依存するのはもうやめよう

条件改善を求める声の広がり

62

朝日新聞「ハグスタ」編集長

田渕紫織

2 世界のスタンダードは少人数保育

日本の保育が進むべき道

76

東京新聞社会部記者

奥野斐

3 小学校の少人数学級化の経験から見えること

人と空間のゆとりがもたらすもの

94

毎日新聞東京本社くらし医療部デスク

堀井恵里子

4 どこでどんな家庭に生まれても、必要な保育が行き届く制度へ

保育と社会のいい関係

105

朝日新聞名古屋報道センター記者

伊藤舞虹

寄稿 **この本を手にとってくださったみなさまへ**

123

子どもたちにもう1人保育士を！実行委員会 呼びかけ人 平松知子

次ページ：「子どもたちにもう１人保育士を！アンケート集計結果の最
　　　　　終報告」（2022 年 5 月、実行委員会作成）の表紙に掲載された
　　　　　イラスト（愛知県内で働く保育士の寺島靖乃さん作）。アンケー
　　　　　トの自由記述に寄せられたエピソードをもとに描かれた。

第**1**部

現行

保育士配置基準下の

子どもと保育士たち

1

子どもたちに
もう1人保育士を！

「のろい」を解きはじめた保育士たち

朝日新聞名古屋報道センター記者
浦島千佳

新しい言葉と方法で「配置基準」見直しの声を

　2022年4月22日。愛知県庁で「子どもたちにもう1人保育士を！実行委員会」の記者会見が開かれました。

　実行委のメインメンバーは愛知県内の保育士や園長、保護者、労働組合の職員らです。会見の冒頭、こう訴えました。

　「コロナ禍の登園自粛によって、いまの『配置基準』の劣悪さを再認識することになりました。これは喫緊の課題です。あらゆる方法で『子どもたちにもう1人保育士を』というのを実現していきたい」

　「配置基準」とは、保育士1人がみる子どもの数を定めた国の最低基準で、実行委はその見直しを求めたのです。

　いまの配置基準だと、保育士1人がみる子どもの数は、0歳児は3人、1・2歳児は6人、3歳児は20人、4・5歳児は30人となっています。配置基

表1 保育所における保育士配置基準の変遷

	乳児	1歳	2歳	3歳	4歳以上
1948〜51年	10対1			30対1	
52〜61年	10対1		30対1 (10対1)	30対1	
62〜63年	10対1 (9対1)			30対1	
64年	8対1		9対1	30対1	
65年	8対1			30対1	
66年	8対1 (7対1)			30対1	
67年	6対1			30対1	
68年	6対1			30対1 (25対1)	30対1
69〜97年	6対1 (3対1)	6対1		20対1	30対1
98〜2014年	3対1	6対1		20対1	30対1
2015年〜	3対1	6対1		20対1 (15対1)	30対1

＊配置基準は最低基準による

＊（ ）内は公定価格上（運営費上）もしくはほかの補助金による配置基準など

厚生労働省への取材による

準は戦後1948年に定められ、0〜3歳児は少しずつ見直されてきましたが、4・5歳児は70年以上、一度も変わっていません **表1**。また日本はほかの国とくらべ、保育者1人あたりの子どもの数が多い傾向があることもわかっています。

　保育の現場からも長年、「保育士が足りない」との声があがっています。名古屋市で保育士をしている女性が、会見で実体験を語ってくれました。

　女性は2021年度、4歳児クラスの25人を2〜3人の保育者で受け持っていました。そのなかには、身体介助を含む支援が必要な子が2人いたそうです。ほかにも、友だちとのかかわりに不器用さがあったり、なかなか気持ちを切り替えられなかったり、さまざまな場面で苦手さをもっている子も何人かいたそうです。

　4歳児クラスとはいえ、「お散歩に行きましょう」と声をかけても、ス

ムーズに準備をはじめるのは半分ほど。「疲れているから行きたくない」と寝転がっている子がいたり、友だちとケンカをして部屋の隅で固まっている子がいたり。「すぐに準備ができない子にも、さまざまな理由があります。寄り添って話を聞き、相談するなかで、その子自身が納得できるととてもいい顔でまた友だちの輪の中に入っていきます」と女性。ただ、「こうした対応は保育士が複数で連携するからできること」だといいます。現在の配置基準では、4歳児は30人に対し保育士1人がいればいいことになっています。「もし保育士が1人しかいなかったら、思うように動いてくれない子を怒って、有無を言わさず連れていくしかないかもしれません」と女性は話します。

「どのクラスにももう1人保育士がいたら、もっとゆったりと子どもたちがやりたいことを保障できるのに、時間に追われ、体制の厳しさに保育士が焦れば焦るほど、子どもたちに求めるものが大きくなってしまいます。すると子どもたちも緊張したり、イライラしたり、不安で落ち着かなくなったりします。子どもたちの命と安全を守り、成長・発達を保障し、一人ひとりが大切にされているという実感をもって育っていくために、『もう1人保育士を』と強く願います」

また配置基準は、全国の認可保育所の約7割を占める私立保育所の運営にもかかわってきます。

自治体が支給する委託費は、配置基準などをベースに算出されています。もし園側が手厚い保育をしようと独自に基準をこえる人数を雇った場合、その分の人件費は園側の負担になるため、さまざまな補助金はあっても積極的な採用に二の足を踏んでしまったり、保育士1人にわたる給与の額が想定より少なくなってしまったりする状況があるのです。

保育士や保護者たちによる「子どもたちにもう1人保育士を！実行委員会」記者会見の様子
2022年4月22日、筆者撮影

　愛知県内で0～2歳児向けの私立認可保育所を運営する女性園長はこう打ち明けます。「手厚い保育ができるよう国の最低基準より多くの保育士を配置していますが、人件費が赤字にならないかいつも綱渡り状態です」。保育士たちが勤務時間内に会議や事務仕事を終えられるよう、その間に子どもたちをみていてくれるパートタイムの保育士を増やしたところ、赤字を出してしまった経験もあるといい、現在の配置基準では保育士の働き方改革もままならないといいます。

　「いまのままでは、職場からの『もっと人を増やしてほしい』という声に『こらえてほしい』と答えるしかありません」

　こうした問題から、保育関係者たちは長年、配置基準の見直しを求めてきました。ただ、今回の「もう1人保育士を！」運動は、これまでとはちょっと異なる雰囲気をまとっています。それは声をあげている保育関係

者たちが、これまでとは違う方法で、違う言葉を使ってこの運動を広げようとしているからです。

きっかけはコロナ禍

「もう1人保育士を！」の動きが芽生えたのは、愛知県庁での会見から2年ほどさかのぼった2020年4月。新型コロナウイルスの感染拡大による「登園自粛」がきっかけでした。

2020年はじめに中国・武漢からはじまった新型コロナの感染は日本でも広がりを見せ、2月には全国の小中高校などの一斉休校が要請されました。保育園は原則開所とされたものの、その後感染がさらに拡大したことから、可能な場合は登園を自粛するよう、多くの自治体が協力を求めました。

普段より保育園に登園してくる子どもたちが少なくなって、保育士たちは気づきはじめます。「あれ、私今日、一回も子どもたちにダメって言っていない」「心なしか、子どもたちも落ち着いている」

愛知県の公立保育所の保育士で、のちに実行委の事務局を務めることになる田境敦さんは当時、2歳児クラス20人の担任でした。登園自粛により、子どもの数は普段の6割ほどになったそうです。「人数が少なくなると、余裕をもって保育をすることができたんです」と田境さんはふり返ります。

「自分でやりたい」という気持ちが芽生える2歳児クラスの子どもたち。靴の脱着や着替えを何度もやり直す男の子がいたそうです。ほかの子へのケアもあって、長い時間見守ることがなかなかできずにいましたが、このときは納得いくまで挑戦させてあげることができ、最後には充実感に満ちた表情を見せてくれたといいます。また、自分で布パンツをはくことができた子に、これまでは「できたね」「よかったね」と一言声をかけるのが

精いっぱいだったのが、このときは「自分ではけ
たの？　すごいね、かっこいいね」とより丁
寧に喜びを共有することができたそうです。

　「気持ちを通わせることができ、子どもたちも
『大切にされている』という実感がもてたのでは
ないでしょうか」

田境敦さん

　じつはこのとき、田境さんだけでなく、ほかの保育士たちも似たよう
な経験をしていました。約1年後の2021年5月、全国の保育関連団体で
つくる全国保育団体連絡会のオンライン総会で、「保育制度や政策、基準
の抜本的な改善が必要だ」とする提起がありました。

　全国保育団体連絡会の副会長を務めているのは、愛知県で認可保育所4
園などを運営する社会福祉法人熱田福祉会の理事長、平松知子さんです。
田境さんも、愛知保育団体連絡協議会の事務局長としてこの総会に参加
していました。コロナ禍の登園自粛時の経験があったことで、平松さん
も田境さんも、この提起をいつも以上に実感をもって受け止めました。
翌月には制度を根本から変えていく運動をどうつくるか、県内の保育関
係者有志で話し合いがもたれ、2021年11月には第
1回準備会が開かれました。

　準備会で話題になったのが、「保育士を増
やしてほしいと何十年も言ってきているのに、
変わらないのはなぜか」という問題でした。
話し合いのなかで見えてきたのが、① 使い古
された言葉ではもうダメだということ、② 保
育関係者以外の人にも届くメッセージが必要

平松知子さん

ということでした。

　平松さんは「社会の人たちに届く言葉をすごく探した」とふり返ります。保育士を増やしてほしい、面積基準も広くしてほしい、給与も上げてほしい……。たくさんの要望があるなかで、広く社会一般の人に届くキャッチコピーとして、2021年12月末、「子どもたちにもう1人保育士を！」のフレーズが生まれました。

　決め手となったのが子どもを保育園に通わせる保護者の意見でした。それは「いつも先生たちが『6対1』とか『3対1』とか言っているけれど、何のことだかわからない」という指摘でした。「6対1」とは、1・2歳児は6人に対して保育士1人を配置する、という意味です。でもそれは、保護者にとってはイメージしづらい、わかりにくい言葉だったのです。「あぁそうだよね、私たちがいつも使っている言葉は社会の『普通』ではないよね、ということに改めて気づかされた」と平松さんは話します。

　「本当は『もう1人』では足りなくて、もう2人でも3人でもほしいのだけど、せめてもう1人というところに願いを託しました。そこを突破口にして、配置基準を抜本的に変えよう、と」

漫画で、SNSで、伝えよう

　キャッチコピーづくりと並行して、準備会では保育者や保護者にアンケートを実施することも固まっていきました。コロナ禍の登園自粛で現在の配置基準の劣悪さを再認識した、という全国の保育者の「共通体験」を数値として表す必要があると考えたからです。

　情報発信のツールとしては、発展がめざましいSNSを使うことも決まりました。いまの配置基準の問題をわかりやすく伝えるため、堅苦しい文

章ではなく、アンケート結果をもとにした4コマ
漫画をつくることになりました。

　2022年1月25日、「子どもたちにもう1
人保育士を！実行委員会」が立ち上がり、保
育者に向けたアンケートも2月4日からはじ
まりました。

　愛知県の公立保育所で働く保育士の坂本将
取さんは、アンケートの回答が集まりはじめ

坂本将取さん

た2月中旬ごろから、4コマ漫画の構想を練りはじめました。最初に描い
たのが、3歳児クラスの給食の場面です。「崖っぷち保育〜これが現実〜」
と題された漫画には、「3歳児20名…いざ、給食の時。私は千手観音とな
り　一心不乱で準備する…」という保育士の声。1人で20人分の配膳を
終え、みんなで食事をはじめたのもつかの間、「スプーンおとしたー」
「（ご飯）へらしてー」など、方々から園児の声があがります。「まって
ねー」と声をかけ続けながら、一人ひとりに対応する様子が描かれ、「食
育ってなんなNOOOO〜⁉」という保育士の悲痛な叫びで締めくくられて
います。暗い運動になるのを避けるため、「もう1人保育士がいたら、こ
んな保育ができる」という明るい未来も隣に描きました（次ページ）。

　この4コマ漫画には、坂本さんの実感も込められています。2021年に
育児休業から復帰した坂本さん。当時受け持ったのは、3歳児クラスの
25人。4月にはまだオムツをはいている子もいる年代です。給食のときも、
自分で食べ進められる子もいますが、長時間座っていられない子や苦手
なメニューだと部屋の外に出ていってしまう子もいます。命にもかかわ
るアレルギー対応が必要な子もいれば、外国にルーツがあって日本語で
のコミュニケーションが難しい子も。新型コロナ感染の影響でお休みの
園児が多い日には「子どもが少ないだけでこんなに手が行き届くのか」

と驚いたといいます。

　このほか、保育士1人で園児3人を連れて逃げられるか不安に思う0歳児クラスの避難訓練の場面や、機械的に対応せざるをえないことを嘆いた1歳児クラスのオムツ替えの場面など、「保育士あるある」を描いた5作品を制作。2月下旬から「もう1人保育士を！」のツイッターや、自身のインスタグラムに投稿すると、「もう、ほんとにこれ」などと次々と共感の声が集まりました。

　「同業者から共感してもらえるだろうなというのはある程度予想はしていました」と坂本さん。驚いたのは、保育関係者以外からも反応があったことだといいます。たとえばSNS上でつながってはいるものの、めった

にやりとりしない小学校時代の友だち。ちょうど子育て世代となったかつての同級生から「うちの子どもの園の保育士さんも大変そう」と４コマ漫画に対してコメントがあったそうです。「漫画って見てもらえるんだなって手応えを感じました」。文章ではなく、わかりやすい４コマ漫画で、という方法が功を奏した一例となりました。

日常の保育にもリスクが……

　保育士たちの共感を呼び、保育関係者以外の心にも響いた４コマ漫画。そのもととなった保育者アンケートとはどのようなものだったのでしょう。

　実行委がアンケート票を作成し、実施期間は2022年２月４日～４月25日。書面とインターネットの二つの方法で、愛知県内外の計2648人から回答を得ました。実行委から保育者アンケート結果の分析を依頼された日本福祉大学の中村強士准教授によると、今回のアンケートには以下の限界があるといいます。

・**民間は公立の約５分の１**
　　保育所の全国比率は私立が約７割を占めるのに対し、今回のアンケートの回答者は公立施設職員が大部分を占め、施設の全国比率と逆になっている
・**勤務先が名古屋市外（愛知県外を含む）の回答者数は名古屋市内の約７割**
　　今回の運動の中心が名古屋市内にあったことから、回答者の勤務先は名古屋市内に偏りがみられた

　一方で、評価すべき特徴として次の２点があげられるといいます。

・**非正規雇用者の回答数が正規雇用者の７割に達している**

　非正規雇用者は立場上こうしたアンケートに回答しにくいことが予想されるが、多くの回答が集まっている。いろいろな立場の人に話を聞きたいと、実行委が働きかけた結果であると推測される

・**各年代が偏ることなく回答している**

　若手保育者は日頃の保育に精いっぱいでこうした制度上の課題にまで考えがおよばなくてもおかしくはなく、ベテラン保育者のほうが答えやすいと思われるが、各年代が偏りなく回答している

　こうした限界や特徴をふまえたうえで、中村准教授は今回のアンケートについて「民間団体の調査活動としてはサンプル数が多く、分析し検討するに十分に値する量的調査」と話します。

　アンケートがまずたずねたのは、国の配置基準では子どもの命と安全を守れないと思う場面です。あてはまるものすべてを選択したうえでの結果は、「地震・火災など災害時」が84％で最も多く、「お散歩」が60％、「防犯上」が59％で続きました。「プールなど水遊び」も58％と高く、「早朝夕刻時の保育」43％、「食事の場面」35％も無視できない高さです　**図1**。

　中村准教授がこの結果を担当年齢クラス別に分析すると、どの年齢クラスでも「災害時」が最も高く、次点は0・1・2・4歳児が「お散歩」、3・5歳児が「水遊び」でした。また0歳児は、「災害時」「食事場面」「午睡時」「園庭・室内活動」「早朝夕刻」のいずれも、ほかの年齢クラスにくらべて高い割合となっています　**図2**。

　「災害時」は非常事態で、現に起きているわけではありません。毎月の避難訓練などで想像力を働かせることによって、現状の配置基準では非常時に命が守れない恐れがある、と警鐘を鳴らしているという結果です。

　中村准教授がそれ以上に注目するのが、非常時だけでなく「お散歩」や

図1 国の保育士配置基準では子どもの命と安全を守れないと思う場面

*あてはまるすべてを選択

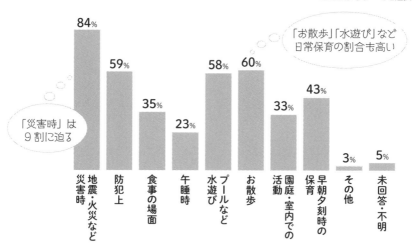

「子どもたちにもう1人保育士を！アンケート集計結果の最終報告」（2022年5月、実行委員会作成）より

図2 担当年齢クラス別「子どもの命と安全を守れないと思う場面」 （％）n=1233

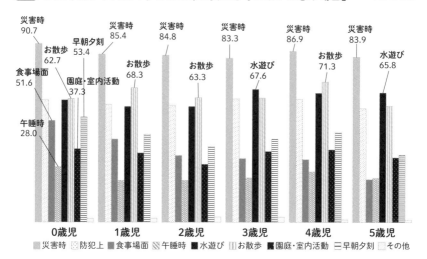

日本福祉大学中村強士准教授の報告より

「水遊び」といった日常の保育のなかで営まれる活動においても、命を守れないかもしれないと感じている保育者が少なくない点です。それは現状の配置基準下において、子どもたちは日常的に「命が守られないかもしれない」というリスクにさらされていることを意味します。

　また中村准教授は、「命が守れないかもしれない」という危機感を日常的に感じながらも園児の前では笑顔で楽しそうにふるまうという保育そのものが、「ストレスフルで大変な労働環境である」とも指摘しています。

　アンケートの記述欄にも切実な声が寄せられました（いずれも原文ママ）。

・3歳児18人を一人で担任していた時、まだまだおもらしする子も多い中で、便の始末にかかっている間に、部屋にいる子がケンカで噛みつきがあったり、イスに登って大人の事務戸棚からセロテープをとろうとして、テープカッターを落としてしまいテープカッター刃の部分でとなりにいた子の頭を切ってしまい、3針縫うケガをさせてしまったことがあります。

・日々のコミュニケーションを大切にしなきゃいけないことは分かっていて、ここを大事にしないと保護者との関係も作れないし、でも目の前の子どもたちの安全も守らなきゃいけないし。保育の質を守ることはどんどん優先順位は下になるばかりで、もうおかしくなりそうでした。

　アンケートにある、国の配置基準で「大きな負担や十分にできないと感じるもの」の結果をみてみましょう **図3**。

　こちらもあてはまるものすべてを選択する形で、結果は「子どもとのかかわり」が72％で最も高く、「休暇取得」と「保育計画など事務」がそれぞれ52％で続きました。「職員間での相談や話し合い」は46％、「保護者

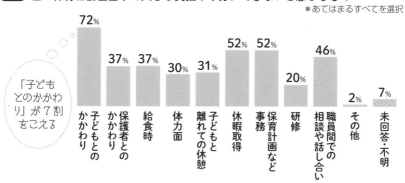

図3 国の保育士配置基準で大きな負担や十分にできないと感じるもの

＊あてはまるすべてを選択

「子どもたちにもう１人保育士を！アンケート集計結果の最終報告」（2022年5月、実行委員会作成）より

とのかかわり」と「給食時」はそれぞれ37％でした。

　中村准教授は、この問いの選択肢を次の３つのカテゴリーに分類しました。

・「子どもとのかかわり」「保護者とのかかわり」「給食時」＝**保育**
・「体力面」「子どもと離れての休憩」「休暇取得」「保育計画など事務」＝**労働**
・「研修」「職員間での相談や話し合い」＝**資質向上**

　そのうえで、担当年齢クラス別に、それらを選択しなかった割合を算出しました **図4**。すると「保育」の割合が最も低いのは１歳児クラスでした。「１歳児クラスの担任はほかの年齢クラスと比較して、『保育』に負担を感じていることがわかる」と中村准教授。

　一方、５歳児クラスのみ「保育」のほうが「労働」より割合が高く、「労働」のほうが担任として負担に感じていることがわかります。担当するクラスの園児数が多いうえに１人担任であることの負担や、年長児は行事などでやることが多いことが関係しているのではないかと、中村准教授は分

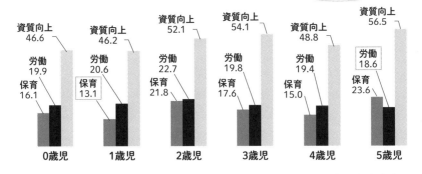

図4 担当年齢クラス別「大きな負担や十分にできないと感じるもの」として選択しなかった各カテゴリーの割合　(%) n=1233

割合が低いカテゴリーほど、負担を強く感じる傾向があることが読み取れる

日本福祉大学中村強士准教授の報告より

析します。

　子どもの命と安全を守るという点ではとくに0歳児クラスの、よりよい保育を行うという点ではとくに1歳児クラスの、より働きやすい職場環境という点においてはとくに5歳児クラスでの改善が求められるといえるのではないでしょうか。

「最適基準」とは

　では、子どもと保育士の比率はどのように見直されるべきなのでしょうか。中村准教授は、この調査で回答された担当年齢クラスの「子どもの人数」を「担任の人数（加配保育士を除く）」で割ることで、調査時点で担任1人あたりが実際に受け持っている子どもの数を算出。それを人数ごとに複数のグループに分類したうえで、それぞれについて「保育士1人が受け持つ子どもの人数で適切だと思うもの」を集計しました。

　すると、現状1人あたりの子どもの数が何人であっても、0歳児クラス

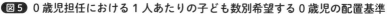

図5 0歳児担任における1人あたりの子ども数別希望する0歳児の配置基準

n=158

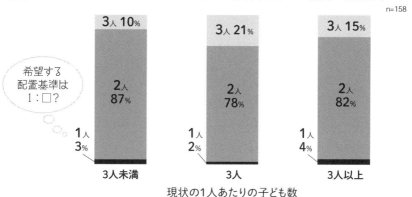

希望する
配置基準は
1：□？

現状の1人あたりの子ども数

日本福祉大学中村強士准教授の報告より

は「2人」と答える割合が高い結果となりました **図5**。それ以外の年齢クラスでは、実際に受け持っている子どもの数によって回答に多少の違いが出ましたが、1歳児クラスでは「3人」、2歳児クラスでは「4人」、3・4歳児クラスは「15人」、5歳児クラスは「20人」と答えた人が最も多い結果となりました。

　一方で中村准教授は、とくに2〜5歳児クラスの担任で、現実の1人あたりの子どもの数より多い人数を配置基準として求める人がいる点にも注目します。たとえば、5歳児クラスで現状の1人あたりの子どもの数が15人未満と答えた人のうち、適切だと思う人数が「15人」「20人」「25人」と答えた人を合計すると8割をこえます。こうした現象について中村准教授は「子どもはたくさんの子どもとかかわるほうがいいという発想ではないか」と推測し、「保育士1人あたりの子どもの数は少なければ少ないほどいいとも言いきれないのではないか」と話します。

　こうした点をふまえ、「現在の配置基準」と「少なければ少ないほどいい」という考え方の間に、現場が考える保育士1人あたりの最適な子ども

表2 保育者アンケート結果から考える保育士1人あたりの子どもの数

年齢クラス	最適基準	現行基準
0歳児	2人	3人
1歳児	3〜4人	6人
2歳児	4〜5人	6人
3歳児	10〜15人	20人
4歳児	15〜20人	30人
5歳児	15〜20人	30人

日本福祉大学中村強士准教授の報告より

　の数、すなわち「最適基準」があるといえるのではないかと、中村准教授は考察しています　**表2**。

　今回の調査について中村准教授は、「研究者ではない当事者が問題意識をもって調査活動をしたということ自体が特徴」と話します。

　歴史をふり返ってみると1960〜70年代、名古屋では働く母たちが子どもを預けられるよう自宅などを使って「共同保育所」を次々と立ち上げました。試行錯誤を重ねながら、それは名古屋市に共同保育所への公的助成や産休明け長時間保育をする公立保育所の新設を求める運動にも発展していきます。名古屋にはもともと、民間と公立の保育関係者が手を取り、保護者も一緒になって声をあげる土壌があったのです。

　保育制度にくわしい中村准教授は、今回の「もう1人保育士を！」運動もその系譜上にあり、愛知・名古屋における保育運動の歴史が「若い人たちにも受け継がれている」と話しています。

子どもを真ん中に「丁寧な保育がしたい」現場の思い

　「子どもたちにもう1人保育士を！実行委員会」のメンバーに話を聞くと、その中心に子どもたちがいるとよく感じます。この運動は、「豊かに育つという『子どもの権利』を保障するためのものである」と、メンバー

たちは話します。

　愛知県内の0～2歳児向け私立保育所で働く保育士の女性の話が印象に残っています。女性の園は、手厚い保育をしようと、配置基準より多くの職員を配置しています。それでも、保育士が足りないと感じる場面は日常的にあるといいます。忘れられないのが2021年度に受け持った1・2歳児の混合クラスでのできごと。朝からずっとパズルをやりたいと話していた2歳の女の子がいました。ほかの子のお迎えがきて、人数が少なくなった夕方、ようやくパズルに取り組むことができました。ところが1人では難しかったようで、女性に「これどこ？」「これはどこ？」と何度も聞いてきます。女性は、「本当は『ここかな？』と置いてあげたり、ピースをくるくる回してあげたりしながら一緒に考えたかった」といいます。でも、お迎えに来た保護者の対応に追われて十分に相手ができないうちに、女の子は「おしまい」と言ってパズルを片づけはじめてしまいました。女性は「胸が痛みました」とくやしそうにふり返ります。

　「現状でも踏ん張ればなんとか回せるのかもしれない。けれど、ギリギリの状態で育てられる子どもは本当に幸せなのでしょうか。できないことに寄り添い、できたことを一緒に喜べる、丁寧な保育がしたいんです」

　実行委による保育者アンケートにも、現場からさまざまな声が寄せられました（いずれも原文ママ）。

　・コロナ禍の登園自粛での少人数の保育の中で、普段大人しくおしゃべりも少なかった1歳児がいきいきと自分を出す姿がありました。私たちの園では、低賃金と引き換えに、国の保育士配置基準よりも手厚い保育をしていますが、その保育が当たり前に、さらにゆとりのある保育ができ

るようになって欲しいです。そうすれば、家庭の困難を背負って、保育
園でそれを全部出してくる子をまるごと受け止め丁寧にかかわることが
できます。

・[配置基準が改善されたら] 子ども一人ひとりにじっくり向き合える！子
どもたちの主体性を大切に、いろんなことに挑戦したり、なかなかでき
ないあそび（大人が足りなくてあぶないから使わせられないものとか遊具と
か）もたっぷり保障できる！

　なぜ保育士さんたちはこんなにも子どものことを真ん中に考えてくれる
のか。平松さんに質問したことがあります。すると「それがプロだから
よ」と返ってきました。「『いまは片づけの時間！』と大人の思い通りに子
どもを動かすのは、保育でも教育でもありません」と平松さんは言いきり
ます。

　「子どもたちには、言葉を話す前からだって意思や意見があって、泣いたり
笑ったりしながら一生懸命外界に働きかけている。それを受け止めてもらえた
ら、子どもの喜怒哀楽は順調に育つ。専門家としてそれがわかっているから、
子どもの声にきちんと耳を傾けるんです」

　ケンカをしていたら、止めずに見守って双方の意見を聞く。気持ちを出
し合い、伝え合い、折り合いをつける。「それって人間関係の第一歩で
しょう？」と平松さんはいいます。社会を揺るがすような事件が起きたと
き、平松さんは容疑者の子ども時代に思いをはせるといいます。

　「どんな容疑者にも子ども時代があったはず。子どものときに『あなたの成長
が楽しみよ』と言ってくれる人に出会えていただろうか、『あなたの意見を聞か

せて』と尊重された経験があっただろうかって考えてしまうんですよね。保育づくりはどんな社会をつくっていきたいかに直結していると思うんです」

　ただ、子どもの発達と成長を支える保育士の専門性が、現状の配置基準では生かしきれないと、平松さんは危機感を募らせています。
　保育士として40年のキャリアがある平松さんも、保育士になった当初は、「20～30人の子ども全員を集中させて、大人の思うようにお遊戯や鼓笛をやらせるのが保育であり、それができるのが力量のある保育士なんだと思っていた」とふり返ります。

　「長年、日本の保育士たちはそう思わされてきたんです。だから『壁ぺったん』とか『お口はチャック』なんてフレーズが生まれてきた。現在の配置基準というのは、そうやって子どもを制圧しないと、1人ではみきれない子どもの人数なんですよね。この貧しい配置基準が、貧しい保育をつくってきたのです」

　その後、現在理事長を務める熱田福祉会に転職してからは、配置基準より手厚く保育士が配置されていたこともあり、一人ひとりの子どもたちと向き合う丁寧な保育を実践しやすくなったといいます。それでもやはり「ここに、あと1人保育士がいたら……」と感じる場面は日常茶飯事。そして運営法人の理事長になったいま、配置基準ギリギリで運営せざるをえないほかの保育園との交流も増え、若い保育士たちのしんどそうな表情が気にかかるようになったといいます。「丁寧な保育ができていない」と感じたとき、若い保育士たちはそれを「私が悪い」「自分は向いていない」と自己責任化して、辞めてしまうのだそうです。「夢破れて去っていく仲間たちを見続けるのはつらい。実際に保育できない基準が基準であり続けていることのほうがおかしいのに」と平松さんは訴えます。

「のろい」を解きはじめる

　実行委の田境さんは「もう1人保育士を！」運動を通し、自分にかかっていた「のろい」に気づいたといいます。

　「1人で5歳児30人をみることができて一人前だと思い込んでいました。このなかでどう保育するかずっと考えていました。保育所に実習生が来たときも、数人の子どもと部屋の真ん中で遊んでいたら、『壁に背をくっつけて遊んだらいいんじゃない？　遊びに向き合いつつ、全体が見えるでしょう？』って助言してしまっていたんです。せっかく子どもとの遊びが発展していたのに、位置を変えさせて遊ばせる。自分、どうかしていました。のろいでしたね」

　いま若い保育士たちの間で、「もう1人保育士がいたら」という考えが浸透しつつあるようです。「○○ができなかった」という反省が出たら、ふり返りの一つとして「もう1人保育士がいたら（できたのに）」が合いの手のように入ることもあるといいます。それは、「自己責任論」から脱却し、「制度の見直し」に目を向ける大きな意識変化であると、平松さんは感じています。

　意識の変化は、これまで配置基準への関心が低かった保護者にも起きはじめています。

　2022年5月に開かれた「もう1人保育士を！」のオンラインシンポジウムに、ツイッターを見て神奈川県から参加したあるお母さんがいました。

　このお母さんのお子さんは生後5ヵ月のころから保育園に通っているそうです。0歳児クラスのときは髪を結って登園し、途中で取れてしまった

ら保育者が結び直してくれていたそうです。ところが、1歳児クラスにな
ると、取れてしまったヘアゴムが袋に入れられて返ってくるようになりま
した。肌が弱いために保湿をお願いしても、「（保湿剤は）一日1回しか塗
れない」と言われ、かゆみでひっかいてしまった肌は血がにじむように
なってしまいました。お母さんのなかに、いくつもの「あれ？」が積み重
なっていったといいます。ですがこのシンポジウムに参加し、配置基準上
0歳児クラスのときは子ども3人に対し保育士1人だったのが、1歳児ク
ラスになると子ども6人に対し保育士1人になるということが、保育にど
んな影響をおよぼすのか「すごくよくわかった」といいます。

　「いまの配置基準には問題があるということは知っていたけれども、自分が子
どもを通わせるようになってはじめて実感がもてた。今回のような取り組みは
保護者にも問題に気づかせるという大きな意味があったと思います」

　愛知から遠く離れた神奈川で、これまでまったくかかわりのなかったお
母さんが、配置基準の問題に実感をもってくれた。このお母さんの発言
は、実行委の大きな励みになったといいます。
　実行委はウェブサイト上でポスターやリーフレットといったコンテンツ
を充実させながら、SNSでの発信も継続。「子どもたちにもう1人保育士
を！」を合言葉に、このうねりを全国に広げていきたいとメンバーたちは
話しています。

参考文献

1　OECD (2012), Quality Matters in Early Childhood Education and Care: Japan 2012,
OECD Publishing. http://dx.doi.org/10.1787/9789264176621-en

2

やっぱり先生たちは
大変だったんだ

ともに声をあげる保護者たち

毎日新聞中部報道センター記者

加藤沙波

保護者たちにも広がる「共感」

　「子どもたちにもう1人保育士を！実行委員会」には、保育園に通う子どもの保護者たちもメンバーとして参加しています。名古屋市内の民間、公立の保育園で父母会の活動などにたずさわる親たちで、実行委では保育士たちと同じ目線で意見をかわし、一緒になって運動を進めてきました。

　「子どもたち一人ひとりが大事され、尊重される場であってほしい。保育にそんな願いを込めるのは保護者も同じです」

　名古屋市の民間保育園の保護者、小俣徹哉さん（36）はそう言葉に力を込めます。小俣さんは小学2年と年長児の姉妹の父親で、実行委では中心的に活動してきた保護者メンバーの一人です。

　これまでも保育現場の課題を考え、改善を訴える活動などにかかわってきた小俣さんですが、実行委が行った保育者アンケートで、災害時には8

実行委の保護者メンバーで中心となって活動している小俣徹哉さん（右）と川口遥野さん
筆者撮影

割をこえる保育者が「子どもの命を守れない」と回答したことには大きな
衝撃を受けたといいます。

「朝、『いってらっしゃい』と送り届けた子どもが、夕方になれば元気に帰っ
てくる。それが当たり前だと思っていたけれど、先生たちはじつは不安も抱え
ていた。でもいまの配置基準では、どう考えても手が足りないのは明らかです
よね」

　同じく実行委で活発に活動してきた川口遥野さん（37）もまた、保育者
アンケートの結果を受けて、「やっぱり先生たちは大変だったんだな」と
再認識したそうです。
　現在、小学１年と年少児の兄弟を育てる川口さんは、こんな経験を話し
てくれました。2015 年、医療関係の仕事への育休復帰を控えた川口さん
が、当時０歳だった長男の保育園入園に向けた「保活」を行っていたとき

のことです。はじめての経験にとまどいながら、6、7ヵ所の園に問い合わせて見学に行くなかで、保育士たちから思いがけない言葉をかけられたといいます。

　「離乳食は初期か完了期の２種類（ドロドロの状態か、大人の食事に近いやわらかさか）しかうちはつくっていない。食べられなかったら仕方がないですね」「お迎えは、遅くとも17時ごろまでにはお願いしたいです」「3歳になるまではフルタイムで働くのではなく、なるべくお子さんと一緒にいてあげたほうがいいんじゃない？」

　「幼い子どもを預けて働くということは想像以上に厳しいんだなと、心打ち砕かれる日々でした」と川口さんはふり返ります。しかしその後も保活を続けるなかで、兄弟がともに通うことになる園と出会い、救われたそうです。

　「見学をお願いする電話をかけたときに『いつなら来れそう？』と、こちらの都合を聞いてくれて。それまでの園は見学の日程がそれぞれ決まっていたので、保護者に寄り添ってくれている感じがとてもうれしかったのを覚えています」と川口さん。入園後も一人ひとりに合わせた保育をしてくれる園の姿にふれ、川口さんには新たな気持ちも芽生えました。

　「先生たちはきっと、それぞれの環境で精いっぱい子どもたちと向き合っていると思います。もしかしたらあのときの先生たちだって、その子に合った離乳食をつくりたかったかもしれないし、『早く迎えに来て』なんて言いたくなかったのかもしれないですよね」

　すべての子どもに「寄り添った保育」が当たり前になるには、やっぱり“もう１人”保育士が必要ではないだろうか——。保護者たちもまた、そう確信しながら歩みを進めています。

保護者アンケート作成へ

　保育者へのアンケート調査を進めていた実行委では、保護者に対しても
アンケートを行うことを同時に検討していました。配置基準の問題そのも
のや、こうした基準のなかでも「保育士が日頃どんな思いで子どもたちと
向き合っているか」を保護者にも知ってもらうことが必要だと考えたから
です。そこで、アンケートの作成を中心的に担うことになったのが、実行
委の保護者メンバーたちでした。

　日々仕事や育児、家事などに追われ、余裕があるとは決して言えないメ
ンバーたちですが、定期的に夜開かれる実行委のオンラインミーティング
に加え、保護者同士でも何度も意見を出し合い、アンケートをつくり上げ
ていきました。

　「子どもを寝かしつけたあとにパソコンを開いて、『さぁがんばろう』とオン
ラインで打ち合わせをしたりもしましたよ」

　「隣でぐずる子どもをあやしながら、オンライン会議に参加することも。終
わってから子どもをぎゅっと抱きしめて、自分なりにフォローしてました」

　そんなエピソードを、笑顔を交えながらふり返る保護者たちもいました。

　一方で、アンケートに答えてもらう相手もまた、日々せわしなく過ごし
ている保護者たちです。「いかに目を引き、関心をもってもらえるか」が
カギとなり、協力を呼びかけるチラシには工夫をこらしました。

　黄色を基調にした温かみのある雰囲気のチラシには、日本の保育士配置
基準が諸外国とくらべて「いかに多人数保育なのか」を明確にし、保育者
アンケートの結果もグラフを使うなどしてわかりやすく紹介しました。

もう1人保育士をふやして
私たちはこんな保育がしたい！！

今の基準ではいざという時に子どもの命を守ることができるか不安。もう一人保育士がいれば余裕をもって子どもたちを守ることができます。

今の基準では子ども一人ひとりに寄り添った保育が難しい。もう一人保育士がいればもっと子どもの声に耳を傾けることができます。

家庭や子どものこと、もっと保護者の声を聞きたいけれど忙しい。もう一人保育士がいればもっと保護者とコミュニケーションを取ることができます。

保護者アンケートをよびかけるチラシのイラスト（小俣あゆみさん作）部分。日中の保育を目にしない保護者にもどうしたら伝わるか議論を重ね作成した

　また、「もう1人保育士をふやして　私たちはこんな保育がしたい‼」と呼びかけ、「もう1人いれば」と感じるさまざまな保育場面に、イラストの得意な保護者が描いた彩り豊かな絵を添えました。

　アンケートはインターネット上で行い、チラシにはそのQRコードをつけました。父母会組織の役員らに周知したり、園によっては各家庭にチラシを配布したりしたほか、実行委がSNSでも発信して広く参加を呼びかけました。

あふれ出た保護者たちの「声」

　アンケート調査は2022年4月下旬〜6月末まで行い、7月2日時点で1467人の保護者が回答しました。保護者の内訳は、民間の認可保育園49.4％、公立保育園43％、小規模保育事業所2％など。現在の日本の保育士配置基準や、保育者アンケートの結果を示したうえで回答してもらいました。結果の一部を紹介します。

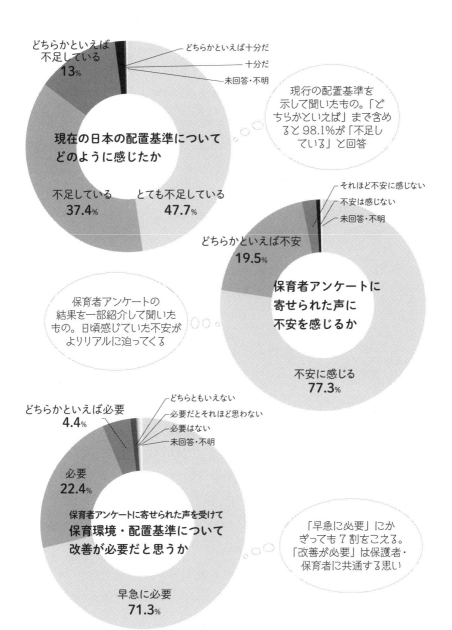

現行の配置基準を示して聞いたもの。「どちらかといえば」まで含めると98.1%が「不足している」と回答

現在の日本の配置基準についてどのように感じたか

どちらかといえば不足している 13%
どちらかといえば十分だ
十分だ
未回答・不明
不足している 37.4%
とても不足している 47.7%

保育者アンケートの結果を一部紹介して聞いたもの。日頃感じていた不安がよりリアルに迫ってくる

保育者アンケートに寄せられた声に不安を感じるか

それほど不安に感じない
不安は感じない
未回答・不明
どちらかといえば不安 19.5%
不安に感じる 77.3%

保育者アンケートに寄せられた声を受けて保育環境・配置基準について改善が必要だと思うか

どちらかといえば必要 4.4%
どちらともいえない
必要だとそれほど思わない
必要はない
未回答・不明
必要 22.4%
早急に必要 71.3%

「早急に必要」にかぎっても7割をこえる。「改善が必要」は保護者・保育者に共通する思い

現在の基準で地震や
火災が起こった際に
子どもの安全が
守れると思うか

どちらかといえば守れる
十分守れる
未回答・不明

どちらともいえない
23.1%

どちらかといえば守れない
27.1%

守れない
45.2%

「どちらかといえば」まで含めると、災害時対応に不安を感じる保護者は72.3%。一方、保育者アンケートで「子どもの命と安全を守れない」場面として「災害時」を選択した保育者は、この数字を上回る84%（本書p19参照）

送迎時に保育士が忙しそうで
声をかけづらいと
感じたことがあるか

感じたことがない
8.9%

声をかけようと思ったことがない
声をかけられる環境にない
未回答・不明

声をかけづらいと「よく感じる」「たまに感じる」を合わせた89.9%という数字は、保育士に大きな衝撃を与えた

よく感じる
39.3%

たまに感じる
50.6%

職員が
足りていない、
または **余裕がないと**
感じる場面に
遭遇したことはあるか

ない
19.8%

未回答・不明

ある
79.6%

8割にのぼる「ある」回答。保護者が保育現場をよく見ていることは、自由記述にも表れた

「子どもたちにもう1人保育士を！保護者アンケート集計結果の最終報告」（2022年8月、実行委員会作成）より

　上記設問で職員が足りていない・余裕がないと感じる場面に遭遇したことが「ある」と答えた人に具体的な場面の記述を求めると、62.6％が回答しました。そのうちの一部を抜粋します。

・1歳児クラスで、担任は2人。お昼にお迎えに行った際、一人は食事の片付けと布おむつ洗い等で部屋を忙しく出たり入ったり。一人は子どもを寝かしつけながらお便り帳を記入しており、とても大変そう。そこにお迎えの私が行ってしまうと、必ずと言っていいほど「ちょっと待ってくださいね」と言われ、お迎えに行くことが申し訳なく感じる。

・朝、6人の1歳児を1人の保育士でみていた。3人は走ることができ、2人は機嫌が悪く、残りの1人はよちよち歩きの私の子だった。心配な気持ちを抑え保育士に預けたが、案の定1時間もしないうちに転倒し、前頭部に大きなコブができてしまったと連絡があった。もし3：1の体制だったら防げたであろうと思うと悔やまれる。このままでは心配な中子どもを預けなくてはいけないし、一生懸命してくださっている保育士さんもつらいと思う。少子化の打開策はお金での解決や子作りだけではない。子どもを育てる環境作りも同じように大切だ。

・お友達にすぐ手が出てしまう子が、朝の時間、鍵のかかった部屋で一人で過ごしているところを何度か見かけた。朝のバタバタした時間の事故を防ぐためだとは思うが、部屋に閉じ込められる子の気持ちを考えるとやりきれなかった。

　最後に、配置基準についての意見を求めると、全体の28.4％が記述回答しました。一部を抜粋します。

・保育士は子どもの命を預かるので、心に余裕がないときちんと保育でき

ないと思う。子どもに目の行き届かない配置基準は根本的におかしい。預ける親も不安だし、保育士に負担ばかりかかっているように思う。

・家で1人の子どもを見ているだけでも「もう1人大人がいれば！」と思うのだから、プロだとしても人数が足りていなければ物理的に手が足りなくなるのは当然だと思う。

・小学校では35人学級やもっと少人数での指導が可能なのに、保育園では戦後から変わらない人数で保育しているのは時代にそぐわない。

・先生方はやりたい保育ができているのだろうか、心にも余裕があるだろうか、仕事を続けられるだろうかと心配でならない。

　現状の配置基準では保護者たちも不安に感じ、改善を求める声をあげる一方で、こうした基準下で働く保育士たちを心配し、思いやる気持ちもまた、アンケート結果から浮かび上がりました。

アンケート結果をどう受け止めるか

　アンケートの結果を見た実行委メンバーたちからは、「保護者たちは保育現場を本当によく見ている」などと驚きの声があがりました。それぞれがまた、保育のあり方を改めて考えるきっかけになったようです。

　「率直に言って、背筋が凍りました」と話すのは、愛知県瀬戸市の保育士、高島拓真さん（38）です。かつて勤務していた保育園で、こんな出来事がありました。数人の保育士で年中クラスの園児20人ほどを連れて散歩に出かけたときのことです。

高島拓真さん

　「無事に目的地に着く」ために安全を優先するあまり、道端に咲く花や虫に興味を示す子どもたちの気持ちに寄り添ったり、共感したりすることができなかったそうです。でも、そうした出来事はめずらしいことではなかったとか。「いまふり返ると、『もう1人いたら』と思う場面はたくさんあったのかもしれません」と打ち明けます。

　「それでも、保護者には不安にさせないようにと思ってきたけれど、じつは保護者も同じようにいまの保育現場に不安を感じていた。これは真剣に受け止めないといけないな、と考えさせられました」と高島さんはいいます。

　自らも子どもを保育園などに預ける父親であり、周囲も子育て真っ盛りの保育士は多いそうです。「親としてはもちろん、安心、安全な場に子どもを預けたい。でも保育士の立場からすると、子どもたちにもちろん寄り添って見守りたいけれど、一生懸命やればやるほど終わりのない仕事で、日々どんどん余裕がなくなっていく。次第に家庭にも影響が出てきて、『自分の子どもと向き合えているかな』と葛藤する保育士は少なくないはずです」と高島さんはいいます。

　保育士も保護者も求める保育の姿を考えていくと、必ず「配置基準」の問題に行き当たる――。そんなことを改めて感じたという高島さん。「根本にあって、越えられない高い壁だと思っていました。でもやっぱり、改善していかなくてはいけないですね」と力を込めます。

　一方、保護者アンケートの集計などにかかわった自治労連愛知県本部の書記、松井克徳さん（41）はこんなところに着目しました。「保育士に声をかけづらいと感じたことがある」と回答した保護者が9割にのぼったのに対し、保育者アンケートでは「今の配置基準では十分にできないと感じるもの」（複数回答可）のなかで「保護者とのかかわり」をあげた保育者は4割弱にとどまった点です。

松井克徳さん

「保護者の多くは保育士とのコミュニケーション不足を感じているのに、保育士の場合は、とくに若い人がそれほど感じていないことが実行委の調査で見えてきた。これは、保育士が保護者にまで目を向ける余裕がないことの表れなのかもしれないですね」と松井さんは分析します。

また松井さんは今回、実行委の保護者たちが熱心に活動に取り組む姿に驚いたそうです。「これまでは保護者も一緒になって主体的に動ける運動自体が少なく、公立、民間ともに関係者がこれほどまでにつながり合いながら進めていく活動もめずらしい」としながら、「実行委の保護者たちの意欲的で前向きな姿勢が、保護者アンケートでの数多くのインパクトのある回答につながったのではないでしょうか。保護者が何を感じ考えているか、保育士自身にも、もっと知ってもらうことが大事だと思います」と強調しました。

アンケートで保護者たちが書いた自由記述は、保育士たちへの「メッセージ」ととらえる松井さん。次のように保育士たちにエールを送りました。

「自分たちは誇りをもてる仕事をしていて、胸を張っていいんだと思える、気持ちのこもった言葉がたくさん並んでいる。保護者は子どもたちのことを一緒に考える『仲間』。だからこそ、働きづらさを解消したいと思うことに後ろめたさを感じる必要は決してないですよ」

活動をもっと広げ、より多くの人に知ってもらうために

保護者アンケートの結果について、回答してもらった保護者たちに

フィードバックするため、またより多くの人たちに知ってもらうため、実行委の保護者メンバーたちはリーフレットを作成しました。表紙にはアンケートへの協力を呼びかけたチラシのときと同じ保護者が描いた、ほのぼのとぬくもりを感じるイラストを載せました。これまでの活動の経緯を写真つきで示すなど、読みやすいものに仕上げています（本書冒頭カラー口絵参照）。

　リーフレットにはまた、保護者たちの「声」も盛り込まれています。その一人、下里世志子さん（50）は、生後57日目から保育園に通った次男の眠りが浅く、保育士にずっと抱っこしてもらっていたことや、プールやお絵描きなど楽しい経験をさせてもらった出来事などを取り上げ、「保育園で先生方に子も母も寄り添ってもらい、認めてもらってきた」と記しました。2004年から名古屋市内で美容室を営む下里さんは、3人の子どもをいずれも産後まもなく保育園に預けています。

　「お客さんを相手にする仕事なので、長期間休むのはなかなか難しい。だから、保育園は『第二の実家』みたいな感じでした」

　ミルクをあげるときの哺乳瓶の角度や離乳食のつくり方など育児についてさまざまなことを教えてもらい、親身になって相談に乗ってくれたのも保育士たちだったそうです。

　「子どもが赤ちゃんのとき、うつぶせに寝そべって一緒に首を上げる練習をしてくれた先生もいたりして。そんな先生たちの姿には、いつも心を打たれていました」とふり返る下里さん。だからこそ、「活動にかかわることで、先生たちへの恩返しになれば」と、取り組みには自然と力が入ったといいます。

　保護者も保育士も共感し合い展開を続けているこの活動は、数多くの報

左：美容室を営む下里世志子
さん

右：保護者アンケート結果を
公表した記者会見で、自
らの思いを話す堀川育恵
さん
2022年11月15日、筆者撮影

道機関にも取り上げられ、注目度は高まっています。こうした動きを「希
望」と表現するのは、4人の子どもの母親で、公立保育園で7年ほど父母
会活動をしている堀川育恵さん（38）です。これまでも、公立保育園の
「民営化問題」などにたずさわってきました。実行委の活動については、
「次の世代につながっていくことを期待できる、大きな広がりを感じてい
ます」と話しています。しかしながら、情報が届いていない保護者はまだ
まだ多いとも感じているようです。「保護者自身がもっと声をあげなけれ
ば、問題はクリアしていかないはず。先生たちが日々がんばってくれてい
るのがわかるから、私たちもいままで以上に活動を盛り上げていかない
と」と、意欲は尽きません。

　「さぁ　山を動かそう！」

　保護者たちが作成したリーフレットには、そんな言葉でさらなる「力」
を呼びかけています。さまざまな立場の人たちが手を取り合い、よりよい
保育について考え、子どもたちの未来を思い描くこの運動。一人ひとりの
熱い気持ちが積み重なって、「当たり前」を変えていく動きへと向かって
いっています。

3

保育全体に悪影響をおよぼす低い配置基準

すり減っていく保育士としてのアイデンティティ

朝日新聞東京本社くらし報道部記者

中井なつみ

　現場の保育士からも、保護者からも配置基準の見直しを求める声が高まっています。現行の配置基準によって、実際の保育現場にはどのような問題が生まれているのかを、いくつかの現場の声から紹介します。

配置基準通りでは「できっこない」？

　埼玉県の北東部に位置する加須市にある、「みつまた保育園」。この園は、保育研究所の所長で、かねてから配置基準の見直しが急務だと訴えている、村山祐一さんが理事長を務める社会福祉法人が運営しています。

　午前11時半すぎ、ランチルームをのぞくと、4〜5人の保育士たちと、4歳児クラスの子どもたちが約20人。そこで、こんな声が聞こえてきました。

　「食べ終わった人は、こっちに並んでね」

　「もう少しで食べ終わるね、おいしいね」

　8〜9割ほどの子どもが食事を終え、保育室に戻ろうとしている列をつ

給食時の保育の様子。クラスごとに全体をみる保育士と個別の声かけをする保育士で役割分担ができている（みつまた保育園）

筆者撮影

くるなかで、まだいすに座って給食を味わっている子の姿も数人。でも、その子たちをせかすのではなく、それぞれの様子を見守る保育士や栄養士がおり、全体でも4〜5人の体制を組んでいる様子がうかがえました。

　保育園での給食の時間は、「人数分の食事を配膳する」「食事の見守りやサポートをする」「片づけをする」「食べ終わった子どもたちに昼寝の準備を呼びかける」など、息をつく間もないほどに業務が押し寄せてくる時間帯といえます。とくに、食べ物をのどにつまらせる重大事故につながるリスクも大きいため、緊張も高まる時間です。

　そのなかで、「○○をしながら」という対応ではなく、それぞれ別の保育士が、子どもたちの個別の対応に取り組むことができているように感じられました。

　でも、このような連携プレーが見られるのは、「当たり前」の光景ではありません。このとき、4歳児クラスにいた子どもたちは20人。この数の子どもたちに対しては、国の配置基準をもとにすれば、「1人」の保育士で保育ができると想定されている人数だからです。

　4〜5人で分担して行っていた「食事の見守り」「片づけ」「昼寝の準備」をすべて1人でこなさなくてはいけないとなれば、さすがに「それは難しいのでは……」という思いが頭に浮かんできます。でも、現行の配置基準では、それも「問題ない」計算になっているのです。

　村山さんによると、同園の職員は、国基準の約1.8倍を配置しています。配置基準が「30：1」となる幼児クラスも、単独で担任をもたせることは、絶対にしないようにしているとのこと。同じ敷地内に併設する学童クラブなどで勤務する常勤職員が、保育園の中に入って一部の業務を担うこともあり、平均的な保育園よりもゆとりある配置が可能になっている事情もあるといいます。

　それでも、毎日の職員会議では「この時間、○○さんはこのクラスに入れますか？」「この時間、このクラスは子どもの受け入れが増えてバタバタするから、気にかけて」などの相談が欠かせません。

　別の年齢の子どもたちの保育室も見せてもらいました。給食を終え、昼寝の準備が進む2歳児クラスをのぞくと、ここでも「配置基準以上の配置」をしているからこそのメリットが、あちこちで感じられました。

　眠そうにして保育士に甘えるように寄りかかっている子がちらほらといる一方で、部屋の一角では、保育士が読む紙芝居に目を輝かせ、その世界に没頭したり、まだまだ動きたい様子だったりする子もいます。まだ月齢による発達段階の差も大きい年齢ゆえ、同じクラスでも子どもたちの様子はまったく異なります。その特性に合わせ、室内の保育士たちが、一人ひとりの「思い」に寄り添うように過ごす様子が見て取れました。

　「子どもの『こうしたい』はそれぞれに違う。すべてを受け入れることは難しくても、なるべく多くの気持ちを受け入れ、サポートしたいと思っています。そのためには、この配置が必要です」

昼寝前の2歳児クラスの様子。紙芝居に夢中な子（手前）や、保育士に抱っこを求める子など、子どもの求めることはさまざま（みつまた保育園）

筆者撮影

　抱っこして安心させようとする保育士、紙芝居を読む保育士、そして昼寝の準備をする保育士……。この誰か1人が少なくなっても、園での保育は進まなくなってしまうのでは、と感じます。

働き方と配置基準

　保育士の働き方にも、配置基準は大きくかかわってくることを実感する場面もありました。担任するクラスをもっていないフリーの保育士たちが、日中に玩具の消毒作業をしている光景です。これまでの取材のなかで、「新型コロナウイルス感染症対策として、玩具などの消毒をする必要があるが、業務時間内にはとても余裕がない」という訴えをたびたび聞いてきていたので、このように日中に作業ができる人員配置に驚きを感じました。

　「保育時間中に終えられない雑務は、子どもたちが帰ってからやることが当たり前」という現場では、残業が恒常化し、長時間労働を余儀なくさ

れるケースもめずらしくありません。でも、そうした環境も、配置基準の見直しで大きく改善できる可能性が大きい、と村山さんは語ってくれました。

さらに、みつまた保育園では、保育室から離れた別棟にある事務室で、保育の記録などをまとめる保育士たちの姿も見られます。昼寝の時間は交代で休憩を取るようにしたり、子どもと離れた場所で作業にあたれる時間を確保したり、「切り替え」の時間を取ることも意識しているポイントだといいます。

「保育士が気持ちの切り替えをして、子どもたちと向き合えるようにする。そんな環境づくりも、保育士のやりがいや、子どもたちの安心につながると思っています。だからこそ、運営する側としても譲れません」

いくつもの「基準以上」の取り組みを進める村山さんに、こんな問いを投げかけてみました。もし、国の配置基準通りの職員しかいなかったら……？ 村山さんは、すぐにこう断言していました。

「それで、保育なんかできっこないんです」

配置基準通りで運営、その実態は

このように、基準以上の配置で「手厚い保育」ができる施設がある一方で、「配置基準ギリギリの人数しかおいてもらえない」と、ギリギリのなかで保育をすることを迫られている現場もあります。

関東地方の認可保育園で働く女性保育士Aさんに、話を聞きました。短期大学を卒業後に入職して5年。現在は2歳児クラスを担当しています。

　ずっと、人手不足が恒常化した園で働いています。3歳児20人を1人で担任したり、2歳児24人のクラスを、正規職員は自分1人でみなくてはならなかったり……。みんながそんな状況なので、朝出勤して保育室内に一度入れば、次に座れるのはいつになるのかわからないようなめまぐるしい毎日でした。

　登園してくる子どもの受け入れ、活動の見守り、トイレのサポート、食事の介助……。一時も子どもたちから目が離せず、気づけば、夕方までトイレに行く時間も取れていない状況が続きます。土曜日保育で週末に出勤しても、満足に代休が取れたこともほとんどありません。

　休憩は取れない、残業もしないと回らない業務量でしたが、それが普通だと思っていました。「大変だ」と思うことはたくさんありますが、「保育は、そういうもの」と多くの仲間たちも感じていたように思います。

　ところがある冬、同僚の保育士が、風邪を引いて発熱し、休みたいとの連絡をしてきたことがありました。同僚に、園長はこういいました。

　「マスクすれば大丈夫だから、出勤してきて！」

　まさか……とは思いましたが、園の状況を考えてみると、高熱を押しても働かざるをえないほど、人手は足りていませんでした。普段から配置基準ギリギリの人数しか雇用していなかった園には、体調不良などで急に休む職員の分をカバーできる体制など整えようがなかったのだと思います。

　そんな環境に嫌気がさし、「子どものための保育がしたい」との志をもって入ってきた仲間たちは、次々に現場を去っていきました。

　保育にあたる人手が足りないことは、忙しさが倍増するだけではなく、安全管理にも大きな影響をおよぼします。ひやっとした経験も、一度や二度ではありません。

　ある日、夕方にお迎えを待つ子どもたちが、異年齢保育をするために1つの保育室にいる状況だったとき、全クラスが合同保育となり、20人ほ

どの子どもたちを、遅番の２人の職員で保育していました。

　そんなとき、早めにお迎えに来た保護者に対応するため、保育室を数分離れたあと、部屋に戻ると、友だち同士のトラブルで顔にひっかき傷のようなケガをしてしまった子どもが、１人で泣いていました。幸い、子どものケガは軽症ですみましたが、自分のほかにもう１人いた保育士も、別の子どもを見ていて、ケガの瞬間は見ていませんでした。「何があったのか」「どうしてできた傷か」を保護者に説明することができず、この配置で保育を続けることがこわくなりました。

　「これでは、子どもたちを守れません。短時間勤務の人でもいいから、増やせませんか？」と園長にも訴えましたが、首を縦には振ってくれませんでした。園長からは、「これで、足りている」「基準通りでできないのは、能力が足りていないからなのでは？」という言葉が返ってくるばかりです。

　たしかに、配置基準以下ではないけれど、それでは毎日「なんとか、事故が起きないように」と祈るような気持ちで保育に向き合うことしかできませんでした。

　絵を描きたいという子どもの希望をかなえたくても、園庭でもう少し遊びたいという子どもがいても、みんなと同じように動いてもらえないと、保育が回らないのです。「ごめんね、がまんしてね」と声をかけなくてはいけない状況が続いています。

　現場を見てもらえたら、配置基準通りの人員では人手が足りていないことは明らかなはずなのに、行政も、国も、何をもって「足りる」と思っているのでしょう。現場で働く自分たちの声を聞いてくれていないな、と感じます。待機児童問題などは注目されやすいけれど、自分たちの保育の仕事は、軽んじられているのかなと思ってしまいます。

　Ａさんは、「なんとか踏ん張っているけれど、いつまでもつかわからな

い」と打ち明けてくれました。

　ほかにも、こんな声も聞こえました。女性保育士Bさんのケースです。Bさんは、数年前まで待機児童が多かった関西地方の自治体の認可保育園（定員60人）に勤務。ビル型の園舎で園庭はないといいます。

　恒常化した人手不足が原因で、子どもたちの保育に影響がおよんでいることに心を痛めています。夕方からシフトで保育士が減りはじめ、午後6時から午後7時までの延長保育のときは、まさに「最低基準」だと感じます。延長保育の時間までいるのは、年齢がバラバラの5〜10人前後ですが、その子たちを乳児用のサークルのある部屋の中で保育したり、ひどいときには「サークルの中」にいてもらわなければならないようなことも。

　保護者のお迎えやトイレやおむつ替えが重なってしまったときなど、「ここから出ないでね」と、サークルの中にいてもらうようにして、その時間をなんとかしのぐこともあるのです。苦肉の策とはいえ、それは子どもたちのためという視点ではなく、大人の都合です。もう1人か2人、大人がいてくれたらまったく違うのに……と思います。

　やりたいことを自由にするのではなく、大人の都合で「待たされている」子どもたち。狭い空間でつまらなそうに過ごすようになっていることも目につきます。自分が子どもを産んだとしたら、ちょっと預けるのを迷ってしまうのが本音です。園には、子育て中の保育士が少ないのですが、きっと、こんな場面を見ているから、復帰に気持ちが向かないのではないか……と思っています。

　2人の訴えは、子どもを預ける保護者の視点で聞いても、考えさせられるものがあります。仕事の忙しさの文脈だけではなく、子どもの育ち、そしてそれを支える保育士の働きがいの面でも、課題が大きいと感じざるを

えません。

「保育園に行けない」子どもたち

　認可外保育園を中心に、神奈川県内で6つの園を運営している横浜市の
NPO法人「もあなキッズ自然楽校」の関山隆一さんは、待機児童の解消
や保育ニーズの充足に力を入れる行政からは、現在の認可外園の形態から
認可園への移行を打診されることもあるそうですが、「あえて、認可外の
形式をとり続けていきたい」といいます。

　その理由はどこにあるのでしょうか。

　関山さんは、「認可保育園に入れても、その園になじめず、『不登園』に
なる子どもが多い。その子どもたちを受け入れられる存在が必要だと考え
ているからです」と力を込めます。配置基準の低さも影響し、恒常的に人
手不足の影響が出ている一部の園では、日常の保育の余裕のなさから、保
育中は「みんなと一緒にやる」ことを求められることが多くなってしまい
がちです。「いまはこの遊びをする時間」「もう少しで○○をしなくては
……」など、子どもたちの思いには関係なく、時間をコントロールするよ
うな形を取らざるをえず、子どもの一人ひとりの思いに寄り添うことは難
しくなってしまう現実があるのです。

　その結果、集団での行動が苦手になってしまったり、園に行くことが不
安になってしまったり……。口コミやインターネットでの検索などで、関
山さんの園にたどり着くケースが年々増えているそうです。

　関山さんが聞いた保護者らの声からは、「一斉に同じことをするよう求
める保育園の方針になじめないと、仲間はずれにされたり、先生から冷た
く当たられたりする」「○○をしなさい、次は○○を……というようにつ
め込まれて過ごすことが、子どもの精神的な負担になっているようだ」と

今日はどこで何をして遊ぶか、決めるのは子どもたち（もあな保育園）　　筆者撮影

の実態も見えてきました。

　「人手がギリギリの状態で、さらに園舎のスペースにも余裕がない。そうなれば、大人の都合で動かそうとすることも仕方のない面もあると思います。子どもの育ちを支える保育の環境について、どんなことが望ましいのか、もっと目を向けられるべきだと思っています」

　関山さんの園では、日々の活動内容を決めるのは「子どもたち」。どこの公園に行くか、何をして遊ぶか……。また、公園に散歩に行くことが決まっても、その過ごし方はさまざまです。走り回って遊ぶ子、木の実を集める子、虫を捕ろうとする子。なかには、木陰で休憩をしている子もいました。そのそれぞれの子どもたちに、保育士は絶妙な距離感を保ってサポートしていました。

　こうした保育ができるのも、配置基準を上回る配置を行うことと、認可園であれば受け入れられるであろう人数の7割ほどの規模に子どもの数をしぼった運営を続けているから。関山さんは、こう話していました。

　「子どものためには、空間的にも、人手的にも、余裕が必要なんです」

配置の差、なぜ起こる？

「保育園」と一口にいっても、なぜこうした「人手に手厚い園」「人繰り
に苦労する園」が出てきてしまうのでしょうか。

みつまた保育園の村山さんは、「公定価格の仕組みに問題がある」と指
摘します。その仕組みを、独自の試算とともに解説してもらいました。

村山さんによると、私立の認可保育園の場合、職員の給与のもとになっ
ているのは、国から支給される運営費。でも、運営費は、園の配置基準に
もとづいて算出されています。そのため、園が配置基準を上回る「プラス
α」の職員を配置しようとする場合、上乗せ分の給与については、園側の
持ち出しになってしまうのです。

村山さんが、96人の子どもが入園する保育園と幼稚園を例に、運営費
を試算してくれました。

1）認可保育園の場合

地域差はあるものの、配置基準の計算は以下のようになります。0歳児
（7人）、1歳児（15人）、2歳児（17人）、3歳児（19人）、4歳児クラス（19
人）、5歳児クラス（19人）の計96人がいるこの園では、「配置基準通り」
の職員を配置しようとすると、**表1** のようになるのが一般的です。

表1 配置基準通りの職員配置（96人定員の認可保育園の場合）

		0歳児	1歳児	2歳児	3歳児	4歳児	5歳児
子どもの人数（計96人）		7人	15人	17人	19人	19人	19人
配置基準保育士数	10人	2人	3人	2人	1人	1人	1人
加算保育士数	休憩保育士　0人						
	主任保育士　1人						
合計の保育士数	11人						

村山祐一さんの試算をもとに筆者作成

　子どもの数と配置基準から割り出される必要人数は、0歳児クラス（3：1）は、7÷3＝「2.3人」、1・2歳児クラス（6：1）は32÷6＝「5.3人」……と計算していきます。こうして各年齢別で算出した数字を足しあげた数字が、配置基準から算出される必要な保育士数で、公定価格のもとになるものです。

　この園では、配置基準から求められる保育士数は9.7人分になりました。この数字を四捨五入した「10人」に加え、加算の対象となる主任保育士1人を加えた「11人」分の額が、公定価格に含まれて支給されます。

　ただ、この11人を実際の配置に組み込んでみると、4・5歳児のクラスは単独担任にならざるをえなかったり、17人定員の2歳児につけられる保育士は、わずか2人にとどまったり……。数字からも明らかに「厳しい」と感じられる配置になってしまうことがわかります。公定価格を頼りに運営を続けようとすれば、前述の女性のように、「トイレに行く時間も取れない」という状況がつくり出されてしまうのです。

　村山さんが行った試算によると、多くの保育園が配置基準の1.5〜2倍以上の配置を行って日々の保育に当たっている実態も明らかになっています。でも、公定価格の仕組み上、こうした「基準以上の配置」は、園が人件費を持ち出さなくては成り立ちません。こうした実態も、保育園の環境改善が進まない原因の一つになっているのです。

2）幼稚園の場合

　一方、同じく子どもを預かる施設である「幼稚園」の場合は、少し事情が違ってきます。先ほどの例と同様に96人定員の園を想定した場合、幼稚園には保育園の場合にはない多くの加算があるからです **表2**。

　学級編成調整教諭、チーム保育加算、副園長加算など、幼稚園として運営する施設に加算される費用があるため、3〜5歳児96人の園の場合、配

表2 保育者配置から見た幼稚園と保育園の公定価格の差

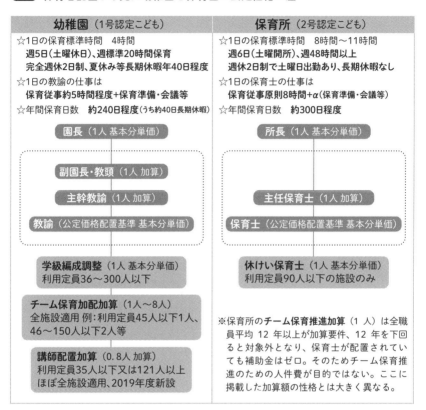

幼稚園（1号認定こども）	保育所（2号認定こども）
☆1日の保育標準時間　4時間 　週5（土曜休日）、週標準20時間保育 　完全週休2日制、夏休み等長期休暇年40日程度 ☆1日の教諭の仕事は 　保育従事約5時間程度＋保育準備・会議等 ☆年間保育日数　約240日程度（うち約40日長期休暇）	☆1日の保育標準時間　8時間～11時間 　週6日（土曜開所）、週48時間以上 　週休2日制で土曜日出勤あり、長期休暇なし ☆1日の保育士の仕事は 　保育従事原則8時間＋α（保育準備・会議等） ☆年間保育日数　約300日程度
園長（1人 基本分単価）	**所長**（1人 基本分単価）
副園長・教頭（1人 加算） **主幹教諭**（1人 加算） **教諭**（公定価格配置基準 基本分単価）	**主任保育士**（1人 加算） **保育士**（公定価格配置基準 基本分単価）
学級編成調整（1人 基本分単価） 利用定員36～300人以下	**休けい保育士**（1人 基本分単価） 利用定員90人以下の施設のみ
チーム保育加配加算（1人～8人） 全施設適用 例：利用定員45人以下1人、 46～150人以下2人等	※保育所の**チーム保育推進加算**（1人）は全職員平均12年以上が加算要件、12年を下回ると対象外となり、保育士が配置されていても補助金はゼロ。そのためチーム保育推進のための人件費が目的ではない。ここに掲載した加算額の性格とは大きく異なる。
講師配置加算（0.8人 加算） 利用定員35人以下又は121人以上 ほぼ全施設適用、2019年度新設	

※公定価格保育士・教員の配置基準は保育所も幼稚園も同じである。なお、基本分単価には保育者以外の職員として、幼稚園には事務職員（1人）、保育所には調理員（利用定員規模に応じて1人～3人（うち1人非常勤））が配置されている。

内閣府「すくすくジャパン！子ども・子育て支援新制度」の資料などにもとづき村山祐一さん作成、19年5月加筆

置基準上の必要人数は「4人」ですが、こうした加算で加配できる人件費は「5人」分、合計で「9人」分にもなります。公定価格による収入だけで、配置基準の2倍近い人員配置が可能になるのです。

　「子どもが過ごす場としては、保育園も幼稚園も同じはず。なのに、なぜ、幼稚園と保育園にこの差が生まれるのか。まず、この差を是正してい

くことのほうが優先ではないでしょうか」と村山さんはいいます。

　近年、幼保連携型認定こども園に移行する幼稚園が増えるなか、3歳未満児の基準は幼保双方の関係者を悩ませる問題ともなりつつあります。

保育士不足・低い処遇にも配置基準の影が

　待機児童問題が深刻化したことで、ここ数年で保育園の数や保育定員数は急速に拡大してきました。2015年に2万8783だった施設数は、22年までに3万9244に。定員数も、約50万人分拡大しています。

　2016年、「保育園落ちた」と訴える匿名のブログでの発信が話題になり、日頃から保育園を利用していた人たち以外にも、その課題が広く認識されたことが、対策も加速するきっかけの一つだったことは、記憶にある人も多いでしょう。当時、ツイッターでは、「＃保育園に入りたい」という投稿がトレンドになり、保育園に入れなかったことを示す「落選通知」の写真が飛び交いました。

　街中を見回しても、駅前のビルの1室が保育園になったり、コンビニエンスストアだった建物が保育園に鞍替えしたり……。面積や園庭の有無など、かつては保育園にはならなかったような場所も保育園として認められるようになった実態を色濃く感じることができます。政府が、「待機児童ゼロ」を目標に掲げ、規制緩和を続けながら定員の拡充に取り組んできた成果は、一定程度出ています。

　厚生労働省が毎年発表している「保育所等関連状況取りまとめ」によれば、ブログが話題になった2016年に260万4210人だった認可保育施設の定員数は、22年には304万4399人まで拡大されました。

　一方、こうした量的拡大が重視される流れのなかで、保育定員の拡大を支える「保育士」の不足も大きな課題となりました。

　「認可園を開園しようとしても、保育士不足で子どもを受け入れられない」「スペースに余裕があっても、保育士不足で入園希望者を断らざるをえない」。そんな声が、目立つようになりました。2018年、東京都内のある区では、認可園として開園するはずだった保育園が、保育士不足により開園できず、真っ暗なままになっていた例もありました。

　ただ、保育士不足については、その大きな原因として想定されたのが、全産業平均よりも低い実態が放置されてきたという「低賃金」の面でした。

　岸田政権でも、月額給与の2％相当（9000円）の賃上げを目玉施策と位置づけ、早速実施されています。その一方で、「配置基準」は大きな見直しが進まず、放置されたままでした。給与の上乗せ分は配置基準上の人数を基準に支給されるため、配置基準よりも上乗せしている園ほど、1人あたりに行きわたる額が「9000円に満たない」という仕組みになっており、矛盾をはらんだままです。

　「9000円じゃ、保育はよくならない！」

　「9000円よりも、配置基準の見直しを」

　取材をしていても、「お金よりも、環境を見直してほしい」という声をよく聞きます。「賃金」か「環境」かではなく、両輪での改善が求められています。

「いい保育がしたい」の願いを阻む壁

　これまで、保育園は「子どもをいかに受け入れられるか」という視点が優先され、「量の充足」に対策の重点が置かれてきました。保育のいわば「質」についての議論は、あとまわしにならざるをえなかったというのが実態です。

　この現状について、日本総合研究所（日本総研）が2022年3月、インターネット上で興味深い調査を行い、その結果を発表しています。

　調査では、保育者2000人（うち、1500人が保育士、500人が幼稚園教諭）にアンケートを行い、現状の保育に対する思いを聞いています。

　驚くのは、保育者自身の「理想とする保育」に照らし、子どもとの接し方で課題を感じることがあるかをたずねたところ、95.2％もの人が「何らかの課題を感じている」（複数回答で「特にない」としなかった人の合計）としていたことです。そのうち、最も課題だとする声が多かったのは、「子ども一人一人に丁寧に関わること」。ついで、「子ども一人一人の個性の把握、成長支援」があげられています 図1。

　「集団活動の中で、個々の子どもに寄り添う支援がしたい」。保護者からみても「そうあってほしい」と思う内容についても、同じように願う保育者が97％をこえるのに対し、「したいと思うが、あまりできていない」「できていない」が計40.5％で 図2、その課題になることとして最も多くあげられたのも、「現状の配置基準では人が足りない」でした 図3。

　子どもにもっと向き合いたい、子どもの意見を聞きたい……。そう考える保育者が大多数なのにもかかわらず、担当する子どもの数が多く、実現できない。配置基準の低さなどが影響した職員人数不足は、保育者が保育を追求したいという思いにも影を落としている、そんなジレンマが読み取れます。この調査結果は、保育士の離職率の高さと、慢性的に人手不足が続くことが無関係ではないことを裏づけている、ともいえるのではないでしょうか。

　ここ数年、待機児童数は急激に減少傾向が目立つようになりました。保育の「量」から「中身」への議論が進みやすくなったいまだからこそ、「配置基準」の見直しが子どもたちにどう影響を与えるのか、現場の声からも発信を続けていきたいと思います。

図1 子どもへの接し方で課題に感じること

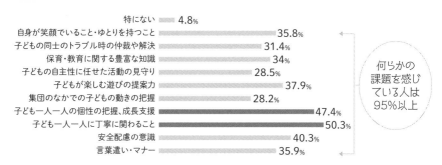

特にない　4.8%
自身が笑顔でいること・ゆとりを持つこと　35.8%
子どもの同士のトラブル時の仲裁や解決　31.4%
保育・教育に関する豊富な知識　34%
子どもの自主性に任せた活動の見守り　28.5%
子どもが楽しむ遊びの提案力　37.9%
集団のなかでの子どもの動きの把握　28.2%
子ども一人一人の個性の把握、成長支援　47.4%
子ども一人一人に丁寧に関わること　50.3%
安全配慮の意識　40.3%
言葉遣い・マナー　35.9%

何らかの課題を感じている人は95%以上

図2 集団活動の中で、個々の子どもに寄り添う・子どもに沿った支援をしたいと思う人の状況

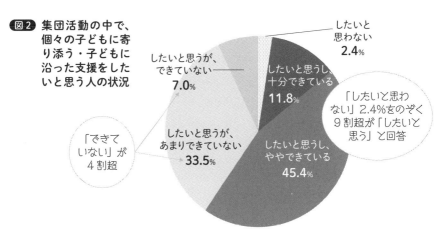

したいと思わない　2.4%
したいと思うし、十分できている　11.8%
したいと思うし、ややできている　45.4%
したいと思うが、あまりできていない　33.5%
したいと思うが、できていない　7.0%

「したいと思わない」2.4%をのぞく9割超が「したいと思う」と回答

「できていない」が4割超

図3 子どもに寄り添う支援のための課題

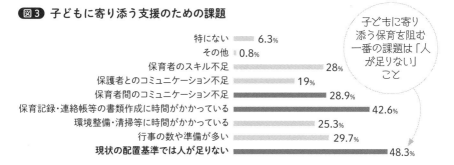

特にない　6.3%
その他　0.8%
保育者のスキル不足　28%
保護者とのコミュニケーション不足　19%
保育者間のコミュニケーション不足　28.9%
保育記録・連絡帳等の書類作成に時間がかかっている　42.6%
環境整備・清掃等に時間がかかっている　25.3%
行事の数や準備が多い　29.7%
現状の配置基準では人が足りない　48.3%

子どもに寄り添う保育を阻む一番の課題は「人が足りない」こと

日本総合研究所「保育の質に関するアンケート結果報告書」（2022年8月）より

次ページ：「子どもたちにもう1人保育士を！アンケート集計結果の最
　　　　　終報告」（2022年5月、実行委員会作成）に掲載された漫画
　　　　　（愛知県内で働く保育士の横井直子さん作）。「崖っぷち」の実態
　　　　　（左）とセットで描かれる「こうだったらいいな」（右）に、
　　　　　保育士として手放したくない願いがにじみ出る。

第2部

70年の

呪縛を解く

いま、配置基準を改善することの意味

崖っぷち保育〜これが現実その⑤〜

1

保育士のがんばりに
依存するのはもうやめよう

条件改善を求める声の広がり

朝日新聞「ハグスタ」編集長
田渕紫織

　「保育士のハイチキジュンの問題」といったとき、何のことかわかる人
は、社会のなかにまだまだ多くはありません。

　1歳児なら6人、4歳児なら30人を1人の保育士でみることは、いくら
専門的なトレーニングを受けていても、無理筋ではないでしょうか──。
保育事故や政策の節目のたびに記事でそう問うても、「人手不足なのはど
この業界も同じだから」「保育はしょうがないところがあるから」といっ
た反応をもらうこともあります。保育と接点のない読者や専門外のデスク
にどう伝えるか、ひとりの記者として日々悩んでいます。

　一方で、ここにきて、配置基準についての議論と世論が少しずつ広がっ
てきている様子も見受けられます。ここでは、当事者団体や専門家の言葉
をたどりながら、ネット世論にもふれたいと思います。

待機児童問題の一方で

　2016年、匿名のブログ「保育園落ちた日本死ね！！！」が社会問題化

図1 待機児童数と隠れ待機児童数の推移

＊4月時点。実際には保育園に落ちていても「待機児童」にカウントされていない子どもも多く、それも含めたのが「隠れ待機児童」。「自治体が補助する認可外施設に入った」「保育所に入れず育児休業を延長した」「自治体が通えると判断した認可保育施設に入らなかった」「求職活動をやめた」などのケースに当てはまる子どもを指す

各年度の厚生労働省の統計資料から筆者作成

しました。待機児童問題は20年来存在していましたが、国会でも取り上げられたこのブログを機に、政策上の優先順位は一気に高まり、選挙の争点や公約にもなり、保育に巨額の予算が投入されるようになりました。

　翌2017年には、全国の待機児童数が2万6081人と過去最多になりました。保育園に落ちたために働けない保護者も多く、世論は大きく盛り上がって、「これは待機児童問題ではなく『官製失業[1]』だ」ともいわれました。実際、保育園に落ち続けて退職に追い込まれた女性にも取材しました[2]。

　それから5年。コロナ禍で急速に少子化が進んだこともあり、2022年4月の待機児童数は2944人で、1994年の調査開始以来、最も少なくなりました **図1**。

　もちろん、いまだに待機児童がいることは深刻な事態です。歴代政権は何度も「待機児童ゼロ」を掲げては先送りしてきました。「隠れ待機児童」としてしばしば指摘されるように、実際は多くの人が保育園に落ちているのに待機児童数の数え方を変えて統計上「ゼロ」にしている自治体も多くあります。ここ3年はコロナ禍による親の雇用への打撃や預け控えもあり、このまま減っていくかどうかも見通せません。ただ、毎年待機児童数の全国調査をしてきた私たちの予想をも上回るペースで急減しています。

　とくに地方では、園児が集まらずに維持が難しくなっている園も相次いでいます。この状態をとらえて、長年訴え続けてきた配置基準の改善をより強く要望する動きがあります。

　保育園の経営者などの全国組織である日本保育協会、全国社会福祉協議会、全国私立保育連盟は、いずれも、配置基準の改善を求め続けています。

　日本保育協会の理事である青森県東通村の認定こども園「ひがしどおり園」の坂﨑隆浩園長もその一人です。

　坂﨑園長は、2021年に国の「地域における保育所・保育士等の在り方に関する検討会」委員を務めた際、とりまとめの文書内に配置基準の改善を望む文言を入れることを求め、議論が分かれたために、「各論点の課題を解決・実現するためにも、現行の職員配置基準と実態との検証・評価と見直しについて、検討する必要があるのではないか」という記載を求める意見文書[3]も出しました。

　坂﨑園長は、国のスタンスについて、「待機児童がいる地域で保育士定数を増やすと保育士不足に輪をかけるというジレンマはあるので、国としては、いまそこにふれたくないのでしょう」と推し量ります。

　一方で、全国的に待機児童がこれだけ少なくなったことをみると、本当に望ましい配置基準とは何か、向き合うときに来ていると考えたそうです。慢性的な人手不足のなか、コロナ下での現場の疲労感も色濃いといい

ます。「エッセンシャルワーカーを支えるためにも保育園は極力開園するように求められているのだから、そもそもの保育士定数に無理があることは、真剣に社会の問題として考えてほしい」と訴えます。また、「近年、さまざまな場所で『保育の質』の向上が議論されていますが、いまのままでの配置基準で質の向上を図ることには土台無理がある」と強調します。

保育の「量」とともに「質」を語るジレンマ

　子どもの保育については「量」も「質」も、どちらも欠かしてはならないものです。しかし、待機児童問題が前面に出ていた近年は、政治の現場でもメディアでも、よりわかりやすい「量」の話に焦点がしぼられ、こうした「質」の話は後景に行きがちでした。

　このジレンマには、待機児童の解消に大きな役割を果たしてきた保護者団体も悩んでいました。「保育園を考える親の会」は、1990年代から当事者団体として政策への意見表明をし、保育園の入園状況についても先駆的に全国調査をしてきました。顧問の普光院亜紀さんを中心に、「質が悪い保育園に子どもを預けてもいいと思っている保護者はいない」との考えから、質についても提言をしてきました。保育室の面積基準を狭くしたりする「規制緩和策」にも反対してきました。

　普光院さんは、当時は国の配置基準より高い基準を設けている自治体へ圧力をかけようとする国の委員会提言もあったことを指摘。「待機児童問題一辺倒になって『入れるようにすることが先』という空気が圧倒的で、子どもの利益を求める意見が小さくなりがちでした」とふり返り、量か質かという二者択一のようになってしまったことを残念がります。

　「親の会」に続く世代として待機児童問題で存在感を発揮した保護者団体が、「希望するみんなが保育園に入れる社会をめざす会」（現「みらい子

育てネットワーク」）です。東京都武蔵野市からはじまった署名運動が、SNSを媒介にして、全国にいる当事者を見える化し、ロビー活動へと発展していきました。

　代表の天野妙さんは、国会の公聴会にも招かれて発言しました。「当時は圧倒的に保育園の『量』が足りていない状況でしたが、保育事故が起こるような状況を望む保護者はいません。『量も質も』と言い続けてきましたが、どうしても『量』の話にしぼられがちでした」とふり返ります。

　これは、報じる側の記者にも通じる悩みでした。保育園に落ちて仕事を失ったり、必要数の保育が整備されていないために自己責任を負わされ「保活」競争ですり減ったりしていく親たちの深刻な状況を伝えたい。一方で、つめ込み保育が進んだ現場の窮状も、子どもたちや保育士の目から伝えたい。どちらも欠かすことはできませんでしたが、1本の記事の中で両方を書こうとすると、どうしても矛盾するときがあります。政治状況がめまぐるしく動いたのは前者の待機児童問題のほうで、そちらに紙幅を割きがちだったことを、反省とともに思い出します。

　「保育の質」は本来、子どもの育ちを考えていくうえで広い意味をもち、それを問い直すこと自体が豊かな営みですが、残念ながら現状では、その構造の土台をなす最低限の配置基準が不十分な状況です。

　天野さんはまた、保護者の立場から、配置基準という言葉から連想するイメージと実態のズレについても指摘してくれました。「経営側の目線を連想させ、お金の話かなと思ってしまう。待遇改善ともかかわるのでそうした面もあるのでしょうが、親の立場に立つと、『安全基準』などと呼び変えないと切迫感が伝わらないのかもしれません」と話します。たかが言葉、されど言葉。配置基準は本来、最低限の安全を守るだけではなく育ちを支えていくためのものですが、この問題を社会化するためには重要な指摘です。

命が失われてからでは遅い

　この原稿にとりかかる直前の 2022 年 9 月、静岡県牧之原市の認定こども園「川崎幼稚園」で、園児の河本千奈ちゃん（3）が送迎バスに置き去りとなり、亡くなりました。園のずさんな安全管理が明らかになり、前年にも福岡の保育園で園バス置き去り死亡事故が起きていたこともあって、世論を大きく揺さぶりました。

　発生直後から、技術の力を借りた再発防止策が議論されはじめました。国がとりまとめた再発防止策の柱は、園バスへの安全装置設置の義務化とマニュアルの整備です。必要な策ですが、これだけで再発を防ぐのは難しいでしょう。園バスを運行している東京都内のある幼稚園の園長は、「義務化されても、しだいに面倒になって職員が通知を切ったり、操作が目的化して子どもが降りたかどうかきちんと確認しなくなったりするのがこわい」とこぼしていました。川崎幼稚園でも出欠確認アプリが導入されていましたが、正しく運用されていませんでした。

　コロナ下の保育園は急な欠席がめずらしくなく、各園で、出欠管理が複雑化しています。保育政策にくわしい日本総合研究所の池本美香・上席主任研究員は、「所在確認ができないほどの人数の子どもを 1 人でみなければならないような状況は保護者からみても不安は大きく、技術だけ入れ

送迎バスに置き去りになり、園児の河本千奈ちゃんが亡くなった認定こども園「川崎幼稚園」の前には、飲み物やお花、お菓子が供えられていた

2022 年 9 月 23 日、静岡県牧之原市、筆者撮影

て、結局個々の園の先生の注意ややる気だけでがんばってくださいという仕組みには限界が来ている」と指摘します。

多発する保育事故

　今回の静岡での園バス置き去りについては、初歩的な人数確認や欠席確認を怠っていたため、人手不足とは関連づけるべきではないという意見も、複数の保育関係者からもらいました。ただ、保育士 1 人で多くの子どもをみなければならないうえに慢性的な人手不足で疲弊している状況は、ヒューマンエラーが起こりやすい環境といえます。

　実際、保育中の置き去りや迷子など園児を見失う事案は、東京都に2021 年度、78 件報告されています。この「置き去り」については、朝日新聞が2022 年、調査報道として報じてきました。取材班が、保育園の散歩中、園児を公園などに置いたまま、気づかずに戻ってきてしまうといった「置き去り」事案が保育現場で多発していることを、調査や現場取材、情報公開請求をもとに可視化したものです。

　朝日新聞デジタルで最初に報じられた日には、「置き去り」がニューストレンドワード入りし、主に保育士の人手不足や労働問題の視点から、SNS 上で活発に意見が交わされていました。もちろん労働問題以前に、子どもの命を考えたときにまずはあってはならないことです

「散歩中の置き去り『保育士だけの責任ではない』 現場の切実な事情」というタイトルの記事が朝日新聞デジタルで配信された際のツイート。10 万人近いユーザーから反応があった

図2 保育重大事故と死亡事故数の推移

＊全治30日以上。保育所や幼稚園、認定こども園から国への報告数。増加の背景には、把握が進んだこともある　内閣府の統計から筆者作成

が、背景には配置基準の問題があります。実際、「配置基準が低すぎて、子どもを安全に見守ることが難しい現状もある」という保育士の声も寄せられました。

　置き去り以外にも、重大事故は多発しています。2021年には、全国で2347件起きていました。そして2020年も2021年も、5人の子どもが保育施設で命を落としました **図2**。

　保育事故の遺族たちに取材すると、「死亡事故が起こるような低い基準で園を運営できてしまうなんて、知らなかった」といった声をくり返し聞きます。これ以上に、社会が受け止めるべき声があるでしょうか。

専門家の間での議論の広がり

　研究者の間でも、待機児童問題の縮小や、国際的な潮流を受けて、配置基準のあり方を問う議論は深められてきています。

　元・白梅学園大学長の近藤幹生さん（保育学）は、幼児クラスの配置基準は戦後まもなくからほぼ改善されていない一方で、乳児クラスについても大きな問題があると指摘します。

　「たとえば0歳児は保育士1人あたり3人の子をみますが、ハイハイの子もお座りの子も歩きはじめた子もいて発達の違いがはげしい。その3人を日常的に1人でみることも、災害時は3人を抱えて避難することも、難しい」と説明します。

　1・2歳児の、保育士1人あたり6人の子をみるという基準についても、現実的ではないという声は根強くあるといい、各保育団体が長年改善を要望しています。

　「つまり、全年齢の配置基準が実態に見合っていないことがわかります。子どもの権利の視点からも、財政的な裏づけをして、一刻も早く是正することが必要です」と述べています。

　待機児童が減少局面であることを受けて、今後の国の予算配分についての発言も相次ぎます。東京大学の山口慎太郎教授（経済学）は、待機児童は減ってきているものの、保育リソースは減らすべきではないといいます。「子どもと保育士の人数比を国際的にみても、日本で保育士1人あたりがみる子どもの数は多すぎるので、そちらにも予算を割いて、保育の質を上げるべきです」と話します。

　山口教授らは、「21世紀出生児縦断調査」から得られた約8万人の情報をもとに、保育園に通うか通わないかで、2〜3歳児の発達にどんな差があったかを調べました。すべての社会階層（母親の学歴）で言語の発達が早くなり、社会・経済的により恵まれない家庭で育つ子どもは、保育を受けたほうが子どもの多動性や攻撃性が解消しており、母親の子育てのストレスも減って、家庭での体罰も減ることがわかったといいます。

　米国の追跡調査「ペリー就学前プロジェクト」もいまではよく知られて

いますが、山口教授は、今回も、さまざまな先行研究でも、「保育の質を落とした量的拡大はほとんど意味がないということは明らかになっており、保育の質が一定以上に高いことが大前提」と強調します。

京都大学の柴田悠准教授（社会学）は、「つめ込み保育」の現状について懸念を示します。

現場や専門家からは、現行の配置基準では安全を守れないことを指摘され続けてきたので、多くの自治体は重く受け止め、現行より高い基準を独自に設けてきました。しかし、保育士不足が解消されないままに待機児童が増えるにしたがって基準はゆるめられ、最低基準ギリギリまでつめ込む方向へ進んでしまいました。「今後は、保育現場の過重な負担を減らすことに予算を割いてほしいです。このまま保育園の申込数が減っていくのであれば、保育士の配置基準を先進諸国並みに改善することも現実的になると思います」と語ります。

柴田准教授は、保育士の賃金を全産業平均まで引き上げるのに1兆円、そのうえで、保育士の配置基準を先進諸国並みにするのに7千億円かかるので、1兆7千億円あればできると試算しています。[7]2023年発足のこども家庭庁が子育て関連予算の倍増、つまり数兆円規模の増額を長期的に目指していることを考えると、「できない額ではない」と語ります。

背景に差別意識はないか

異なる分野からの指摘もありました。京都大学の藤原辰史准教授（歴史学）は、給食現場で働く人々に調査してきた立場から、同じケアワーカーである保育士の配置基準の問題についても語ってくれました。

藤原准教授は、「コロナ禍により、ケアの現場は緊張感を要し、心身ともに疲労する仕事であることは知られるようになりました。にもかかわら

ず待遇も労働環境も改善されない。目の前の子どもたちなどのために必死に働くケア労働者たちのがんばりに依存している」と指摘します。そしてこの構図を、「命にかかわる、値切ってはいけないところまで、国は大胆に値切り続けている」と表現します。この問題の本質を言い当てた言葉だと思います。

　保育予算の「値切り」を社会が許容してしまっている背景として、ケア労働者への差別、女性への差別、保育を受ける子どもへの差別、という三つの差別があるのではないかと指摘します。

　藤原准教授は、「保育の現場に行けばすぐにわかりますが、保育士は、1人でいくつの目があるのだというくらいタイムリーに子どもの動きを把握し、危機管理もするすさまじい能力が必要」と話します。その一方で、政治と社会はその専門性を理解せず、また、理解していても見て見ぬふりをして、「誰でもできる仕事」という差別意識をもっているのではないかと投げかけます。

　さらに、子どもはみんなで育てるという合意が社会でとれていない日本では、「子どもの問題＝家庭の問題ととらえがち」と、日本の家族主義も背景にあげます。建前では「女性活躍」を掲げながら、本音としては「乳幼児は母親が家でみるべき」という価値観が社会のなかにまだあるという指摘です。

自治体による指導・監査との関係

　自治体が園の保育内容や安全性などをチェックする「指導監査」についても、その重要性が保育事故のたびに指摘されています。監査によって、配置基準を満たしていない園が見つかり、文書指摘を受けることもしばしばあります。自治体側が監査を行うための人員の不足が指摘されるなか、

国が予算の裏づけをして監査を強化し、問題のある保育をなくしていくことは大変重要なことです。

　一方で、保育者1万人超に労働実態を調査してきた名城大学の蓑輪明子准教授（社会学）は、「行政から指導を受けても、人手がおらずにその内容をきちんと実行できないという問題が、全国で起こっています。人的保障をせずに監査を強めるだけでは、事故を防ぐことはできません」と強調します。監査の指摘に至る前に、根っこの不安定な環境を改善することが大事なことは言うまでもありません。こうした実態をふまえずに「行政の監督業務を強めれば、規制緩和が可能だ」とする考え方は、国の規制改革推進会議などを通じ、社会保障分野でも数十年来浸透してきました。その潮流が近年は保育にもおよび、自治体や企業による規制緩和の要望につながっています。

　蓑輪准教授は、「そうした新自由主義的な考え方にもとづいてさまざまな基準をゆるめてきた先に、現場の対応能力をこえた過重な負担が生まれ、保育事故が相次ぐいまの状況を生んでいるのではないでしょうか」と投げかけます。

地方議会でも

　国会では配置基準の問題が活発な議論にならない一方で、地方議会では動きがあります。配置基準の改善を求める意見書が、地方議会で相次いで採択されています。以前から全国各地で可決されてきましたが、近年はさらに幅広い地域で可決されています　**表1**。全国保育団体連絡会や日本保育協会など、保育団体が各地方の支部を通じて呼びかけている影響が大きいですが、園長らが陳情しているケースもみられます。

　「子どもたちにもう1人保育士を！実行委員会」を支える愛知保育団体

表1 近年、国の配置基準の改善を求める意見書を可決した市議会の例

北海道	旭川市、登別市、歌志内市（22年）
福島県	喜多方市（21年）、福島市、南相馬市、伊達市（18年）
東京都	武蔵野市、三鷹市、小金井市（21年）
埼玉県	新座市、春日部市、秩父市、富士見市、吉川市（22年）
群馬県	前橋市（22年）、沼田市（20年）
福井県	越前市（22年）
石川県	小松市、加賀市、金沢市（22年）
愛知県	知立市、安城市、春日井市（22年）
京都府	京田辺市、京都市（22年）
大阪府	吹田市（22年）
奈良県	奈良市、大和高田市、大和郡山市、天理市（22年）
兵庫県	伊丹市、高砂市（22年）、西脇市、川西市（21年）
広島県	広島市（22年）
鳥取県	倉吉市（21年）
高知県	須崎市、南国市（21年）
福岡県	直方市、大牟田市（22年）

＊全国市議会議長会意見書ボックスなどで確認できた範囲

＊（　　）内は可決年

　連絡協議会も県内の自治体に陳情を続けており、すでに春日井市、安城市、知立市などで配置基準改善を求める意見書が可決されています。

　国会での議論はなかなか動きませんが、こうした、地方議会への陳情を受けた意見書の可決という動きが、国の政策決定に与える影響は小さくありません。

　分野は異なりますが、最近では、当事者団体「選択的夫婦別姓・全国陳情アクション」の試みをよく取材します。SNSを媒介にして選択的夫婦別姓を望む全国の当事者たちがつながり、それぞれの地元の議会に選択的夫婦別姓の制度導入や議論を求めて陳情し、意見書を可決してもらう住民目線の活動です。2018年にはじまったばかりですが、アクションの働きかけで採択された意見書は、現在128件にのぼるといいます。「選択的夫婦別姓」はいまでは選挙のたびに争点になりますが、政治課題化するにあたって大きく寄与しました。

　事務局長の井田奈穂さんは、「政治活動の経験はありませんでしたが、自分が匿名性を捨てて実名で活動しはじめたことと、SNSでの横のつながりで当事者や困りごとの存在が可視化できたことが大きかった」とふり返ります。井田さんのこの話は、前述の保護者団体「希望するみんなが保育園に入れる社会をめざす会」（現「みらい子育てネットワーク」）が待機児童問題において果たした役割とも重なります。

　配置基準の問題に関しては、保護者たちのなかにも、保育現場と問題意識を共有している人が少なくありません。親たちを巻き込んだ形で、各市区町村で生活者視点の運動が広がれば、今後、同様のうねりになっていく可能性をもっています。そして保育園に接点のない人たちまで巻き込めたとき、この問題は社会化され、70年来、子どもと保育士にかかり続けた呪縛を解くことができるのだと思います。

参考文献、記事

1　駒崎弘樹「待機児童ではない。本当は『官製失業』なのだ」
https://www.huffingtonpost.jp/hiroki-komazaki/zero-waiting-list-for-nursery-schools-law_b_14667244.html（ハフィントンポスト、2022年10月20日閲覧）

2　「（保活の先に：上）保育園落選、狂った人生設計　仕事や夢の新居、白紙に」（朝日新聞2018年4月4日朝刊）

3　厚生労働省「地域における保育所・保育士等の在り方に関する検討会」（第8回）資料

4　「保育園の散歩、『置き去り』多発　4年94件、都に報告」「保育士配置基準、低すぎる　保育園の散歩、『置き去り』多発」（朝日新聞2022年3月27日朝刊）など

5　「保育園、おかしいと思ったら　園で昼寝中、1歳7カ月の長女を亡くした母から親たちへ」（朝日新聞2022年4月13日夕刊）など

6　Yamaguchi Shintaro, Asai Yukiko, Kambayashi Ryo "How does early childcare enrollment affect children, parents, and their interactions?"（『LABOUR ECONOMICS』、2018年12月）

7　「待機児童ゼロ・幼保無償化　保育士の負担軽減と待遇改善が先　京大准教授・柴田悠さん」（朝日新聞2022年9月5日朝刊）

2

世界のスタンダードは少人数保育

日本の保育が進むべき道

東京新聞社会部記者

奥野斐

国際調査から見えてきた現在地

　日本の保育は、世界のなかでどのような位置にあるのでしょうか。2018年、経済協力開発機構（OECD）が保育者（保育士や無資格のアシスタントを含む）を対象にしたはじめての「国際幼児教育・保育従事者調査」を行いました。2019年10月にはじまった幼児教育・保育の無償化や、新型コロナウイルスの感染拡大前のデータですが、同じ質問紙で9ヵ国の保育者にたずねた結果をまとめたもので、大規模な国際比較データとして貴重だといえます。

　ここでは、各国機関の協力を得て行われた調査として比較的新しく、日本語での報告書があるこのOECD調査の結果から、配置基準に関する部分を中心に読み解き、日本の現在地を探ります。日本版報告書『幼児教育・保育の国際比較：OECD国際幼児教育・保育従事者調査2018報告書──質の高い幼児教育・保育に向けて』『同（第2巻）──働く魅力と専門性の向上に向けて』（国立教育政策研究所編、明石書店、2020年・2021年）

をふまえ注目すべき点を紹介していきます。

OECD 調査の意味と「保育の質」

　OECD は、経済成長などへの貢献を目的に欧米を中心に 38 ヵ国（2022年 10 月現在）で構成する組織で、「PISA」（OECD 生徒の学習到達度調査）などで知られています。OECD が保育従事者に焦点をあてたこの国際調査は、保育者からより実態に近い状況を聞き、「保育の質」に関する考察を深めることを目指して行われました。

　調査では「プロセスの質」（子ども同士や、保育者と子ども、保護者とのやりとりの質）と、「構造の質」（保育者 1 人あたりの子どもの人数やグループサイズ、保育者の離職率などの条件）をキーワードに、保育者と子ども、保護者とのやりとりがどの程度行われ、プロセスの質を高めるにはどうしたらいいかが問題意識として共有されています **図1**。

図1 幼児教育・保育の質とは

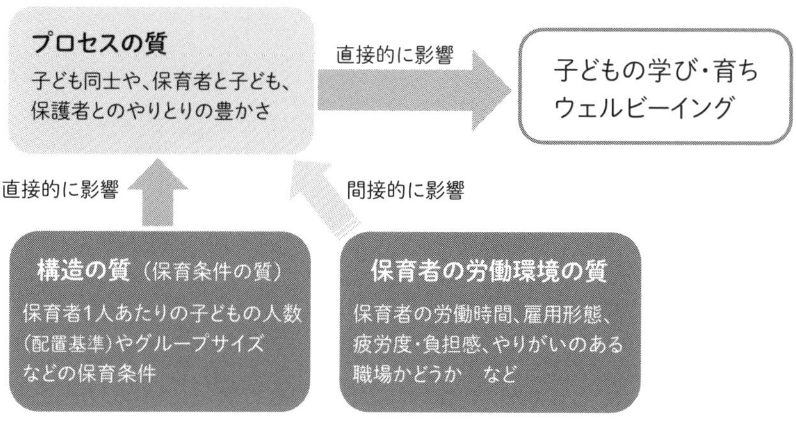

プロセスの質
子ども同士や、保育者と子ども、
保護者とのやりとりの豊かさ

直接的に影響 →

子どもの学び・育ち
ウェルビーイング

直接的に影響

間接的に影響

構造の質（保育条件の質）
保育者1人あたりの子どもの人数
（配置基準）やグループサイズ
などの保育条件

保育者の労働環境の質
保育者の労働時間、雇用形態、
疲労度・負担感、やりがいのある
職場かどうか　など

大宮勇雄・福島大学名誉教授による

　調査の実施は2018年10月中旬～11月上旬。報告書によると「幼稚園、保育所、認定こども園の保育者及び園長・所長の勤務環境、園での実践、研修、管理運営等に関する国際比較可能なデータを収集する」はじめての国際調査で、日本では全国の約220園、計約1800人が質問紙に回答しました。日本のほかチリ、デンマーク、ドイツ、アイスランド、イスラエル、韓国、ノルウェー、トルコのOECD加盟国9ヵ国が参加し、保育者には性別や年齢、学歴などの属性から日々の保育実践、勤務時間や職場の雰囲気、満足度など約50問を、園長・所長には園の管理や研修の実施なども含めた約40問を聞いています。日本からは通常業務として3～5歳児を担当する保育者と園長・所長が回答しています。

　日本版報告書は「日本にとって特に示唆のある内容・データを中心に整理・分析したもの」で、各国の制度やデータの取り方に違いがあり数値の比較にあたっては注意が必要（次ページの囲み参照）ですが、日本の保育政策の傾向や課題を知ることができます。

「最低水準」の日本　見えてきた矛盾

　OECDは、調査をふまえて幼児教育・保育の質を高めるための17の政策提言を出しています。保育士の配置基準にかかわる調査結果や関連する提言をみていきましょう。

1）クラス規模と保育士の配置

　調査は実態を把握するため、保育者が直近の勤務日の最初に担当したクラスやグループについて聞いています。その結果、「対象グループ／クラス」における子どもの人数の平均は、回答率が低いデンマークを除き、日本とチリ、イスラエルが20人以上だったのに対し、ドイツ、アイスラン

表1 対象グループ／クラスにおける子ども数と、保育者1人あたりの子ども数の平均

	対象グループ／クラスにおける子供数の平均	保育者1人当たりの子供数の平均
イスラエル	29.4人	6.8人
チリ	23.8人	4.0人
日本	**22.7人**	**8.2人**
デンマーク	18.4人	3.4人
ドイツ	16.9人	4.3人
アイスランド	16.1人	2.2人
韓国	16.1人	3.2人
ノルウェー	15.9人	3.1人
トルコ	15.9人	4.9人

日本はグループサイズが大きいうえ、保育者1人あたりの子ども数も最多

＊対象グループ／クラスにおける子ども数の平均が多い順

表1・図2・表2・図3 を読むにあたっての注意点

いずれも「幼児教育・保育の国際比較：OECD国際幼児教育・保育従事者調査2018報告書〜質の高い幼児教育・保育に向けて〜」（国立教育政策研究所編）より筆者作成

＊「対象グループ／クラス」は、昨日までの直近の勤務日に担当した3〜5歳児を含むグループ／クラスを指す。そのため、その日の状況が通常保育とは異なる可能性もある。また、1日のうちに複数のグループ／クラスを担当した場合には、その日の最初に担当したグループ／クラスとし、それが回答者の職務のすべてを表すものではない

＊ドイツは連邦制のため図表中の国別推定値が各州の状況と異なる可能性があり、デンマークは回答率が低い。このため両国の解釈には注意が必要

＊日本の回答は幼稚園を含む

ド、韓国、ノルウェー、トルコは16人程度でした。また、保育者1人あたりの子どもの人数の平均は、日本が8.2人と最も多い状況でした。日本と同じくグループサイズが大きいチリでも、保育者1人あたりの子どもの人数は平均4.0人、イスラエルも6.8人。最も少ないアイスランドは2.2人と、他国は手厚く保育者を置いている状況がうかがえます **表1**。

　日本の保育所における保育士配置の国の最低基準は、3歳児20人に対し保育士1人、4・5歳児は30人に保育士1人です。調査は幼稚園なども含むため、必ずしも実際の保育所の状況を反映しているとはいえません

図2 幼児教育・保育施設の規模（1園あたりの園児数）（人）

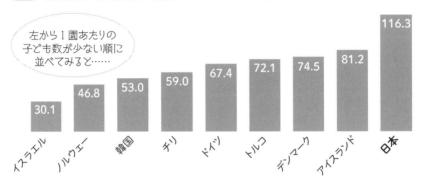

が、これらの結果からはグループサイズの大小に加え、保育者を複数配置することで実態として小グループで対応できている国もあることがわかりました。

　ちなみに、1園あたりの園児数をみると、日本は116.3人と突出して多いのが特徴です。80人以上の子どもが在籍する大規模施設が一般的なのは日本とアイスランドで、ノルウェーでは平均40人台。日本は大きな施設で集団保育がなされ、子どもに対する保育者の割合も低い状況だといえます　**図2**。

　子どものグループサイズについては、保育者が行う保育内容や子どもとの「やりとりの質」に影響を与える可能性があると指摘されています。たとえば、調査のなかの「いつも／ほとんどいつも」行っている実践を答える質問では、日本では「活動を始めるとき、子供たちに静かにするように言う」実践と答えた保育者は56.4％で、チリ（68.0％）の次に高い結果でした。

　また「新しい活動を行うときは子供の生活にどう関わっているかを説明する」は37.5％、「子供のための日々の目標を決める」は41.0％で、参加国平均よりも高い割合です。集団保育では、まずは目標を立て、説明し、

表2 対象グループ／クラスでの保育実践（抜粋）　＊小数点第2位を四捨五入

	活動を始めるとき、子供たちに静かにするように言う	子供のための日々の目標を決める	新しい活動を行うときは子供の生活にどう関わっているかを説明する
チリ	68.0%	57.1%	46.3%
ドイツ	52.9%	12.9%	9.6%
アイスランド	52.5%	13.9%	16.4%
イスラエル	48.3%	46.0%	39.4%
日本	56.4%	41.0%	37.5%
韓国	17.2%	34.3%	23.3%
ノルウェー	26.3%	15.8%	5.9%
トルコ	46.9%	63.1%	54.3%
デンマーク	51.6%	20.8%	13.1%

割合の高い上位3ヵ国にアミかけ

静かにするように伝えるというような様子がうかがえると紹介されています **表2**。

　OECD は、調査をふまえた 17 の政策提言のなかで「大規模の子供のグループ／クラスには、よく研修を積んだ保育者を充てるようにする」と示しています。さらに、日本版報告書では少なくとも 1 日のどこかで保育者が小グループでやりとりできるよう検討を求めています。「小グループであれば、保育者は子供の育ちや学びやウェルビーイングを高める、様々な活動全てに集中することができる」と、より少ない人数での保育のメリットを強調しています。

　日本も、保育のあり方をまとめた国の「保育所保育指針」で「一人一人」という言葉を 30 回以上くり返し使い、子どもとの「受容的・応答的」なかかわりの重要性を記しています（次ページ）。このように OECD の調査結果からも明確に少人数の保育が推奨され、国も子どもとの個別のやりとりを重視していますが、実現が難しい現状は国の保育士配置の最低基準が低すぎるという矛盾、限界を表しているといえるのではないでしょうか。

　さらに、日本版報告書に、政策提言に添えて「自分のクラスやグループに子供が多すぎるストレスを、『かなり感じる』又は『非常によく感じる』

保育所保育指針において強調される「一人一人」「応答的保育」

NPO法人こども発達実践協議会が作成したクリアファイル。「保育所保育指針」が印刷されており、「一人一人」「受容的・応答的関わり」などの文言に色がつけられている

NPO法人こども発達実践協議会提供

と回答した日本の保育者の割合は約23％であり、参加国中最も少ない」と付記されている点は注目です。70年以上も変わっていない保育士の配置基準では、保育のあり方も固定化される懸念があります。大人数の保育が「当たり前」になってしまっている現状では、子どもが多いことで保育者がストレスを感じる割合が低いのも「当たり前」なのかもしれません。保育者自身が問題だと気づく機会がないことも考えられます。

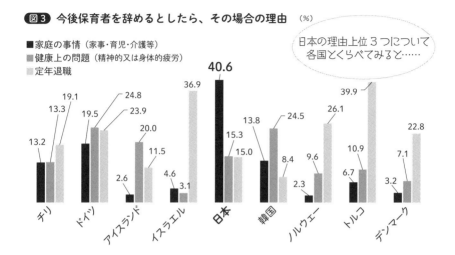

図3 今後保育者を辞めるとしたら、その場合の理由 （%）

■家庭の事情（家事・育児・介護等）
▨健康上の問題（精神的又は身体的疲労）
▨定年退職

日本の理由上位3つについて各国とくらべてみると……

2）保育者の労働環境

　OECD調査では、保育者の労働環境や待遇もみえてきます。調査に参加した9ヵ国の保育者の約95％は女性でした。日本は96.3％が女性で、年齢別では30歳未満が32.9％、30〜49歳が48.5％、50歳以上が18.7％と、30歳未満の割合が比較的高く、韓国、トルコに次ぐ3番目でした。

　日本の常勤の保育者の1週間あたりの仕事時間は50.4時間と参加国中で最も長く、韓国（46.6時間）、チリ（44.3時間）を上回っています。とくに通算勤務年数が3年以下の日本の常勤保育者の1週間あたりの仕事時間は54.0時間にもなり、夜間や週末などの就業時間外に「遊びや学びの活動について、個人で行う計画や準備」といった持ち帰り仕事に時間を割いている人が多いようです。

　離職率は世界的に高い傾向にありますが、日本に特徴的だったのは、離職を想定した場合の理由のうち家庭の事情が最も割合が高い点です。「家庭の事情（家事・育児・介護等）」が40.6％、「健康上の問題」（15.3％）、「定年退職」（15.0％）と続きます **図3**。世界経済フォーラムが公表している

　各国の男女格差の状況を示す「ジェンダーギャップ指数」で、毎年、先進国で最低レベルの日本の状況（2022年版では世界146ヵ国中、116位）がこうしたところにも現れているように思います。

　また、日本の保育者は仕事への満足度が他国より低く、給与、雇用条件（福利厚生や勤務時間）の満足度も低いことがわかりました。「職務に対して支払われる給与に満足している」保育者の割合は22.6％、給与以外の雇用条件に満足している人は47.1％で、参加国中2番目に低い結果です。園長に限ると、給与に満足している割合は最低で、OECD調査の政策提言でも「質の高い保育者を獲得し、維持するため、給与を見直す」としています。

　ここで注目したいのは、日本版報告書の「OECDから参加国に対する示唆」の中の「労働条件の改善」にふれた部分です。「（保育者の）ストレスを軽減し、賃金を上昇させるといった労働条件の改善は、プロセスの質の向上につながる」とし、ストレスへの対処として「適切な人数のグループを組む」と、少人数保育をすすめています。しかし「グループのサイズを小さくするために必要なコストは大きいだろうし、優先して取り組むべき事項の選択肢の中の一つとして検討されるものだろう」と、非常に回りくどい言い方で、保育者の追加配置は提案しても、保育士の配置基準そのものの改善には踏み込みません。むしろ、保育者の就労継続を可能にするための包括的対策として「研修参加の機会を高めること」などが掲げられています。

3）子どもへの公的支出の低さ

　日本は、幼児教育・保育への公的支出の割合が低いことが以前より指摘されてきました。今回のOECD調査報告書でも就学前教育施設の運営資金としては公的支出が49.5％、世帯からの支出が32.7％、民間（企業など）

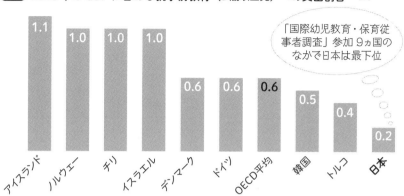

図4 2018年のGDPに占める就学前教育（3歳以上児）への支出割合 （%）

「国際幼児教育・保育従事者調査」参加9ヵ国のなかで日本は最下位

OECD「図表でみる教育（Education at a Glance 2021)」より

による支出が17.9％と、世帯の支出割合が参加9ヵ国中、最も高い一方で、公的支出の割合は参加国中、最低でした。

　OECD「図表でみる教育（Education at a Glance 2021)」によると、2018年のOECD加盟国の国内総生産（GDP）に占める就学前教育への支出割合は平均0.6％なのに対し、日本はGDP比0.2％。今回の「国際幼児教育・保育従事者調査」参加9ヵ国でみると、アイスランドやノルウェーなどの支出割合は高いですが、韓国、トルコ、日本はOECD平均以下です 図4。

　保育従事者を対象にした今回のOECD調査のなかでも、「もし予算が5％増えたとしたら、どの支出を優先させる」かと聞いた質問では、日本の保育者は「保育者の給与を上げる」「支援職員を増やして、保育者の事務負担を減らす」「保育者を増やして担当グループの規模を小さくする」の順で回答割合が多くなりました。日本版報告書では、実際には基準よりも小さなクラスサイズで保育が行われているケースもあると考えられるとして、「職員配置の在り方については検討の余地があることが示唆された」という言い方にとどめていますが、ここで賃金と配置基準の改善が上位で

あることをもっと重視すべきではないでしょうか。

なし崩しの規制緩和と配置基準

　保育士の賃金や配置基準をめぐっては、待機児童解消の名のもとに国が進めた規制緩和によって改善どころか、実質的に水準が下げられてきました。人件費の削減や最低基準ギリギリで回す現場が象徴しています。

　なかでも2016年、待機児童解消の目玉として政府が導入した「企業主導型保育事業」は、自治体の「認可」がなくても設置できる「認可外」施設にもかかわらず、認可施設並みの助成があり、急速に広がりました。助成金の支給などを行う公益財団法人「児童育成協会」（東京都千代田区）によると、2022年3月31日時点の企業主導型保育事業の助成決定施設は全国で4489施設（定員10万7815人分）にのぼります。しかし、企業主導型保育施設では、保育士資格のある人は配置基準の半数でもよいことになっていて、保育士比率が75％の施設が254施設（5.7％）、50％の施設が203施設（4.5％）ありました。

　企業主導型保育事業の問題点は、長年、保育士らが求めてきた配置基準の改善はせず、実質的には引き下げるような制度を国が突貫工事ではじめたところにあります。助成金目当ての事業者も容易に参入でき、人件費を減らし、利益を追求する事業者が問題視されました。政府は保育士の処遇改善費を支給はしていますが、保育士の配置基準が低くてもよいとの認識や実態が広がり、保育の質の格差は拡大しているように思います。

　このほか、国は2020年12月に発表した保育整備計画「新子育て安心プラン」で「短時間勤務の保育士の活用促進」を掲げ、クラスに常勤保育士1人の代わりに短時間勤務の保育士2人でも可とする規制緩和を行いました。保育士確保のためにと、待機児童のいる自治体に限っていますが、実

質的な配置基準の改悪です。

　2021年12月にも、厚生労働省が保育園などの安全性や保育内容を
チェックする監査の規制緩和を打ち出しました。自治体職員による保育園
などの実地検査を義務づける児童福祉法施行令から「実地で」検査を行う
という要件を削除する改正案を提示したものの、パブリックコメントで反
対意見などが計280件寄せられ、改正を延期。その後、2022年8月には、
条文から実地要件は削除しないものの、天災などで実施できない場合や、
前年度の検査で問題ないケースなどに例外的に書面やリモートでの監査を
認める改正案も示されました。これも結果的に見送られましたが、行政業
務の効率化などを理由に規制をゆるめる動きがあることは否定できません。

　保育の「量」の拡大、保育士確保などのため、規制緩和を進めた結果、
保育者を意識的に手厚く配置してよりよい保育を目指して実践している園
と、配置基準ギリギリで人を回し保育者が定着しない園との格差は確実に
生まれ、子どもの育ちが脅かされている現状があります。

厚生労働省「適宜、参考にしている」

　日本の保育がこうした状況にあるなか、OECD調査の日本版報告書で
はクラス／グループサイズへの指摘がくり返され、日本の大人数保育は課
題だととらえられています。1クラス20人以上の現状では「子供の命を
預かる保育者にとっては負担となっている」「保育者と子供の関わりの質
に直結する切実な問題として捉えられている」との言及もあります。一
方、各国の財政負担に考慮し、保育士配置基準などの条件改善への直接的
な提言はなく、研修機会の充実などによる「プロセスの質」向上を促して
います。

　調査の質問紙には、得られるデータの国際分析により「他国の政策から

学ぶことが可能になります」と説明されています。この調査結果や日本版報告書がどのように政策に生かされているのかについて、厚生労働省保育課の担当者は筆者の取材に「適宜、参考にしている」と答えましたが、どこに、どう反映されているか明確な回答はありませんでした。報告書では国際比較で見えてきた日本の課題をどう解決していくかまで具体的に提言がなされるべきで、厚生労働省など保育政策の担当部署はより積極的に活用すべきだと考えます。

日本の保育の進むべき道は

OECD調査などで明らかなように、子どものクラス規模（グループサイズ）と、保育士1人がみる園児の多さの両面で日本の保育条件は世界最低水準といえる状況です。「保育の質」を40年以上研究してきた大宮勇雄・福島大学名誉教授（保育幼児教育）に現状と課題、日本の進むべき道について聞きました。

──日本の「保育の質」の問題をどう考えていますか。

最近「保育の質」という言葉がよく使われますが、日本の場合、とくに政府はその定義を明確にせず、とてもあいまいな使い方をしています。

世界的には、保育の質は、子どもの成長に直接影響する「プロセスの質」と、そのプロセスの質に直接影響する「保育条件の質」と間接的に影響をおよぼす「保育者の労働環境の質」の3つの要素が非常に重要とされています。

「プロセスの質」というのは、日々のなかで子どもたちが体験する生活経験の豊かさのことで、とくに保育者と子どもの間の「やりとりの豊かさ」が大事です。乳幼児期は、身体・言葉・知力と安心感・やさしさ・意欲などがからみ

合って育ちます。このため、生活のなかでの安心感、他者への信頼、仲間とともに生きる喜びが育つような「やりとり」がとても大事なのです。

　子どもたち全員の生活に目を配りながら、一人ひとりの思いに寄り添って「質のよいやりとり」をするには、大人の側に物理的・精神的なゆとりが必要です。忙しく立ち働くのが優秀な労働者という一般的通念とは真逆なのですね。そこで「保育条件の質」（保育者1人あたりの受け持ち人数、担当するクラス／グループの人数、保育者の資格・研修など）や、「労働環境の質」（保育者の労働環境・雇用形態、疲労度・負担感、やりがいのある職場かなど）を政府の責任で改善していくことが、「プロセスの質」を改善するうえでは最も効果的な手段であることが、さまざまな研究によって明らかにされてきています。

──具体的にどのような研究があるのでしょう。

　たとえば、米国の保育園を対象とした大規模な研究によれば、クラス規模が大きいと、資格のない保育者の場合はとくに、保育者と子ども一人ひとりのやりとりが減ってしまう。子どもに対する指示や命令が増え、何か問題が起こらないよう全体を「見る」行為が中心になってしまい、個々の子どもと直接会話するゆとりがないのですね。その結果、子どもの行動も違ってきます。目当てのない行動、言い換えれば何をしたらいいかわからないような行動も増える。

　子どもはまだ大人が言っている言葉を正確に理解するのは難しいので、自分に向けてわかるように話してもらうことで、自分のやりたいことや、やるべきことが明確になって自信をもって行動できるようになります。こんなふうに、保育条件はプロセスの質に大きな影響をおよぼし、ひいては子どもの発達にも影響を与える恐れがあります。だから政府は保育条件のたえざる改善に努力しなくてはならないというのが、世界の「保育の質」研究の共通認識なのです。

　日本政府は「保育の質」という言葉をよく使いますが、「保育条件の質」や

「労働環境の質」という言葉は決して口にしようとしません。日本は、保育士の配置基準や保育室の面積基準などが世界的にみて、とても劣悪なのです。それにもかかわらず、最近の政府は保育条件や労働環境を改善しなくてはならないという責任感がきわめて薄く、現場まかせ、保育者まかせの責任逃れに終始しているというのが、わが国の現状です。

―― 「OECD 国際幼児教育・保育従事者調査 2018」の結果はどのようにみましたか。

　「保育の質」全般にわたる国際的な調査は、私が知るかぎりはじめてです。日々の保育実践、保育者の配置やクラス規模、保育者の労働時間や離職率など、幅広い項目について保育者や施設長に質問紙調査をして、いわば共通の物差しで日本を含めた各国の現状を明らかにしています。

　この調査の大きな意義は、万国共通の保育者の願いを明らかにしたことです。1 つは、保育者が日々行っている子どもたちへの働きかけや苦労している点などは国や文化の違いをこえて共通しているということです。就学準備や読み書きの習得よりも、子どもの情緒の安定や友だちとの仲間としての信頼や協同を育てることに力を入れていますし、集団として活動や遊びにどの子も自分らしくいきいきと参加できるよう心を砕いているのも同じです。

　2 つ目は、どの国の保育者も、保育に対する政府からの物的・財政的支援が不足していることに強いストレスを感じています。コロナ禍でも保育者は懸命に子どもたちを守り、家庭と社会の存続を支えてきました。データはコロナ禍以前のものですが、あまりにも公的な支援が不足しています。これは現在の世界を覆っている「1％の富者のための政治」の大きな問題点です。

――日本の保育の現状が最低水準だということも明らかになりました。

　この調査によって、日本の保育条件と労
働環境の質が調査参加国のなかで最低レベ
ルにあることが白日の下にさらされまし
た。日本だけが、30名前後の子どもを1
人の保育士が受け持つという配置基準に
なっていて、いわば「段違いに保育者が少
ない」状態にあります。

　調査報告も、これまでの「保育の質」に
関する知見をふまえ、保育者と子ども、子
ども同士の少人数でのやりとりが成長に
とってきわめて重要だということを前提に
しています。

大宮勇雄（おおみや・いさお）
1953年、福島県生まれ。東京大学
教育研究科修了。福島大学人間発
達文化学類教授などを務めた。主
な著書に『保育の質を高める』
『学びの物語の保育実践』（いずれ
も、ひとなる書房）など

　とくに最近注目されているのは、「考えが深まり発展していくような持続的で
協同的な対話」です。幼児はさまざまなことを直感的にとらえ、自分なりの理
屈ももっていますが、それらを言葉だけで筋道立った、わかりやすい話にまと
めるのは難しい段階です。「対話」によって、大人の助けを借りて言葉で明確に
していき、それが子どもの思考や感情を豊かにする。書き言葉の習得を急がせ
るのではなく、話し言葉を充実させることがその後の成長にとって大事なので
す。

　こういう対話は基本的に少人数でなくては成立しません。そのためにクラス
規模を小さくしたり、保育者を複数配置したりすることが必要だという保育理
論にもとづいて日本に提言しているのです。提言の背景には、小学校から「本
番の教育」がはじまるというこれまでの考え方が大きく変わって、乳幼児もま
た「本格的に学んでいる」ことがわかってきたということがあります。

　ただ、この報告書には大きな問題もあります。保育の急速な拡大にともない
政府の財政負担が増加しているからとの理由で、保育条件の改善に対して消極

的な立場から書かれている点です。より費用のかからない保育者の技量向上のための支援に重点を移すべきだというのが基調となっています。たしかに欧州では GDP 比でかなりの支出をしてきていますが、日本はその半分にも届かない水準。しかも、日本の保育条件は世界的にみると非常に遅れている。日本が財政支出をもっと増やしていく余地は大いにあります。

——保育士の国の配置基準は 4・5 歳児では 70 年以上、改善されていません。

　あるときは保育の量的拡大が優先され、あるときは財政的なゆとりのなさを理由に日本は保育条件の改善に十分に取り組んできませんでした。それなのにいま、幼児教育、保育政策は早期教育に力を入れようとしているように感じます。文部科学省は 2022 年度から、「幼児期の終わりまでに育ってほしい姿」を示して幼稚園と保育園、小学校が連携する「幼保小の架け橋プログラム」を一部ではじめました。こうした動きは保育条件の改善から目をそらしているように思います。保育士配置などの条件が不十分なのは明白なのに、改善せずに「保育の質」を向上させようという政策は不誠実です。まず、保育条件を変えずに質の改善は難しいとの認識をもつ必要があります。

——配置基準が変わらない背景には、保育政策を決める自治体や政府の担当者に男性が多く、保育現場は女性が多いというジェンダーギャップもあるように思います。

　保育が子育ての延長線上で考えられている面はあると思います。さらに、子育てに対する軽視、低くみる姿勢が根底にあるでしょう。配置基準が変わっていないことが、まさに現場の声に耳を傾けず、専門性を尊重する姿勢に欠けていることを意味していると思います。

　保育は「女性の仕事」であり、「誰でもできる」という枠に入っているとされ、学校教育と区別されて考えられてきました。保育に公費を投入するとなると、「架け橋プログラム」のように学校の準備として保育を位置づけないと、予算がつきづらい現状があります。

　しかし、保育が学校の準備とみられてしまうと、乳幼児期にふさわしい生活、育ちの視点が後退します。乳幼児期の子どもに重要なのは「話す」こと。よく大人の「文字の文化」に対して乳幼児期の子どもは「声の文化」といわれますが、子どもたちは記憶も思考も話し言葉でしているのです。子どもの発達と保育の重要性、現場を知る人が政策決定の場にいる必要性を感じています。

── どうしたら現状は変わるのでしょうか。

　保育先進国といわれる北欧でも、保育の条件改善に動いた人たちが毎週、市役所に訴えに通ったという話を聞きました。はじめから保育条件がよかったわけではありません。働きかけることなくして変わらないのです。

　コロナ禍で子どもが減り、余裕のある保育ができたと実感できた保育士たちが「子どもたちにもう１人保育士を！」と声をあげはじめたことはすばらしいことだと思います。保育士の配置基準が70年も変わらないなかでは、保育者自身もその環境が当たり前だと思い、なかなかおかしいと気づくことすらできません。「30人の４歳児を１人でみることができないと一人前ではない」と、保育者自身も周囲も思ってしまっている。基準は保育者をしばっているのです。まずは保育関係者が働きかけるのが大事です。でも一番大きな力になるのは、保護者の方や社会の声です。国が課題山積の状況だからこそ〝人間的な人間〟を育てることがカギになっています。みんなで知恵を出し合って、変えていかなくてはいけませんね。

3

小学校の少人数学級化の 経験から見えること

人と空間のゆとりがもたらすもの

毎日新聞東京本社くらし医療部デスク

堀井恵里子

　ここでは視点を変えて、小学校の「35人学級」について取り上げます。少人数学級の推進は、子どもたちによりよい環境を整えるという点で、保育士の配置基準の改善と同様の意義があります。保育分野が足踏みしている一方で、小学校ではなぜ35人学級が実現したのでしょうか。

小学校　全学年で35人学級へ

　政府が、公立小学校の全学年で、1クラスの人数の上限を35人に引き下げることを決めたのは、2020年12月のことでした。1年生はもともと法律で35人と定められ、2年生は財政措置として35人でしたが、ほかの学年は上限40人。これを2021年度から5年間かけて、全学年で法律上、上限35人にする計画です　図1。文部科学省は中学校も含めて30人学級とするよう求めていましたが、国の「財布のひも」を握る財務省が譲らず、妥協した結果でした。それでも一歩前進といえます。

　このニュースを聞いて思い出したのは、私の子どもが小学校に入学する

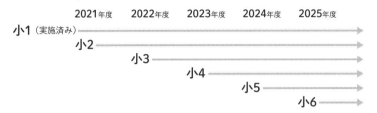

図1 35人学級導入のスケジュール

表1 40人学級が35人学級になったら

1学年が 72人の場合	1クラスの上限	クラス数	1クラスの人数
	40人	2	36人
	35人	3	24人

いずれも筆者作成

ときのことです。入学前の説明会で「1年生は何クラスになりますか?」とたずねると、「ちょっと微妙なところです」との答えが返ってきました。なぜかというと、新1年生は70人前後の見込み。1学級35人が上限ですから、70人以下なら2クラス35人程度。70人をこえたら、3クラスで24人ほどとなり、10人も違います。年度替わりの転勤で引っ越しする家庭があるか否かで最終的な人数が決まるということで、ドキドキしていましたが、幸いにも3クラスになりました。入学してみると、教室には余裕があり、先生の目も届きやすいように感じました。上の子にはちょっと間に合いませんが、下の子は高学年になっても35人学級のため、このまま20人台のクラス人数が維持されます。ありがたいことです **表1**。

発端となった中教審の提言

　じつは、「全学年で35人学級」という方針は、10年ほど前に一度出されていました。発端は2010年の中央教育審議会初等中等教育分科会がま

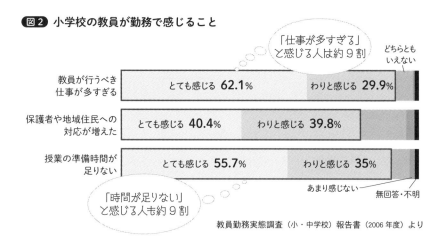

図2 小学校の教員が勤務で感じること

「仕事が多すぎる」と感じる人は約9割

どちらともいえない

教員が行うべき仕事が多すぎる
とても感じる 62.1%　　わりと感じる 29.9%

保護者や地域住民への対応が増えた
とても感じる 40.4%　　わりと感じる 39.8%

授業の準備時間が足りない
とても感じる 55.7%　　わりと感じる 35%

あまり感じない

無回答・不明

「時間が足りない」と感じる人も約9割

教員勤務実態調査（小・中学校）報告書（2006年度）より

とめた提言です[1]。公立小中学校のクラス人数の上限を引き下げるよう求めました。当時は1年生を含めて40人学級で、じつに30年ぶりの見直しが提起されたのでした。

　そのころは、子どもの「生きる力」を育むことを義務教育の基本的な理念とし、考える力や判断する力などを身につけさせようと、授業時間を増やすことが決まっていました。また、校内でのいじめや暴力行為への対応のほか、外国にルーツがある子どもへの日本語指導など、教員の仕事が増えていました。余裕をもって子どもに接することができるよう、少人数学級にすることが求められていたのです。

　この提言は、さまざまな調査結果や現場からの要望をふまえてまとめられました。

　まずは、教師の働き方です。いまでも教師の「働きすぎ」は問題になっていますが、2006年度の「教員勤務実態調査」では、小学校の先生の7〜12月の残業時間は1日およそ1時間半〜1時間50分（夏休みのある8月を除く）。「授業の準備時間が足りない」「行うべき仕事が多すぎる」と感じている教員はそれぞれ約9割にのぼりました **図2**。

　また「教員・保護者意識調査報告書」（2006年度）によると、小中学校の教員の4人に3人が、1クラスあたりの子どもの数を減らしたり教員を増員したりすることが必要と考えていたことがわかります。

　提言は「教育は子どもと教職員の人格的な触れ合いを通じて実現されるもので、学校の教育力向上のためには、教職員が子どもと十分触れ合いながらきめ細かな指導を行う時間をより多く確保することが不可欠」と指摘しました。

　校長会や教職員組合、PTAなどの団体へのヒアリングも行われ、35人学級や30人学級を求める意見がほとんどでした。文科省がホームページで行った国民からの意見募集では、小中学校の望ましい学級規模を「26〜30人」とする回答が6割を占めました。

　海外と比較したデータにも言及がありました。制度が異なりますが、たとえばイギリスの小学校の1〜2年生は1クラスの上限が30人。ドイツのある州では、小学校にあたる「基礎学校」の第1〜4学年や、その後の「中等教育」の第5〜10学年が24〜28人などです。すでに述べましたが、日本は40人が上限です。

　さらに、都道府県では少人数化が先行していたという事情も見逃せません。1クラスの人数は国が基準を示していましたが、2001年度から、都道府県教育委員会の判断で小中学校の少人数学級を推進できるようになりました。追加で必要となる人件費は自治体の負担です。2010年度時点で、すべての都道府県で何らかの少人数化が行われており、なかでも小学校低学年の35人学級が22道府県と主流でした　表2 。

立ちはだかった財源の壁

　当時は民主党政権で、少人数学級の推進に前向きでした。文部科学省は

表2 2010年度に小学校で少人数学級を導入していた都道府県

	学級人数				実態に応じて実施	複数実施をのぞいた純計
	30人	31〜34人	35人	36〜39人		
1〜2年生	12県	3県	22道府県	3都県	11府県	42都道府県
3〜4年生	—	1県	10県	1県	12府県	22府県
5〜6年生	—	1県	9県	2県	12府県	23府県

文部科学省の調査より

　提言を受けて2011年度から5年かけて小学校を35人学級とする計画を打ち出します。さらに小学1、2年生は17、18年度で30人学級にする方針でした。

　しかし、実現の壁となったのが財源問題です。当時の毎日新聞は、中学校の35人学級化と合わせ、国と地方を合わせた教職員の人件費は約年1200億円の負担増になると報じています。簡単に確保できる金額ではなく、1年生は法改正によって2011年度から上限が引き下げられて35人学級となったものの、翌年度の2年生は法律の担保がないものの必要な予算を確保する形での35人学級にとどまりました。その後、民主党から自民・公明両党に政権交代し、3年生以上は棚上げとなりました。

コロナ禍で10年越しの実現

　35人学級が息を吹き返したのは、2020年にはじまった新型コロナウイルスのパンデミック（世界的大流行）がきっかけでした。全国知事会などが、感染対策の一環として教室内の「密」を避けるために公立の小中学校で少人数学級を早急に導入するよう萩生田光一文部科学相（当時）に要請しました。与党の自民党や公明党も30人学級の推進を求める決議を上げ

ます。こうした地方自治体や与党の動きは、政策決定に少なからぬ影響を
与えました。政府の「教育再生実行会議」の内部でもワーキンググループ
がつくられ、検討が進みました。

　このときに、新たな論拠となったのが、「GIGA スクール構想」を推進
する環境を整えるということでした。GIGA スクールは、児童 1 人に 1 台
のタブレット端末を配布して学習に使う取り組みです。教科書とともに端
末を置ける広い机のほうが使い勝手がよく、机と机の間を空ければ教師は
一人ひとりを指導しやすくなります。教室の広さは簡単には変わらないわ
けですから、少人数学級のほうがスペースに余裕が出ます。また、端末活
用で一人ひとりに合ったきめ細かな指導をするためにも少人数学級のほう
がよいとのことでした。

　さて、2010 年代にハードルとなっていた財源問題はどのように解決し
たのでしょうか。少子化の進展が状況を変える一因になりました。

　教職員の定数は「基礎定数」と「加配定数」によって決まっています。
「基礎定数」は、「学校に 1 人の校長」「クラスに 1 人の担任」など自動的
に決まるものです。少子化で子どもの数が減り、学級数が減れば、学級担
任の数も減ります。この減員分を減らさずに、35 人学級実現に必要とな
る担任の増員分に充てることにしたのです。「加配定数」は、いじめ対応
や少人数指導のために政策判断として配分される教員数です。この一部も
担任枠に振り替えることになりました。この方法であれば、人件費を大き
く増やさなくても 35 人学級を実現することが可能になります。

　文科省は毎年度の予算案で、義務教育である小中学校の教職員数の合計
を示しています。

　2022 年度は、小学 3 年生の 35 人学級のために 3290 人の教員を増員し
ました。ほかに、小学校高学年の教科担任制にともなう増員もありました
が、中学校も含めた少子化にともなう担任数の自然減などで、小中学校全

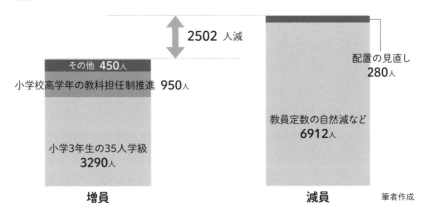

図3 2022年度の公立小中教員数の変更（当初予算）

2502 人減

その他 450人
小学校高学年の教科担任制推進 950人

配置の見直し
280人

教員定数の自然減など
6912人

小学3年生の35人学級
3290人

増員

減員

筆者作成

体の教員数は2502人減るという結果でした **図3**。

　小学校だけでみると教員を増やす必要があり、人材の確保が課題となります。文科省の調査では、2021年度の始業日時点で、小学校937校1218人が欠員でした。公立小学校教員の2022年度採用試験の倍率は全国で2.5倍と、4年連続で過去最低となっています。長時間労働の是正や事務作業の軽減で、魅力ある職場にしていくことが欠かせないでしょう。

少人数学級を推す理由

　ここからは、少人数学級はどのような効果があるのか、ある研究結果を紹介します。少し古くなりますが、2010年の中教審の分科会提言に先立つ2006年、香川大学教育学部附属高松小学校と、同じく附属の坂出小学校の1〜3年生を対象にした研究です[2]。高松小の1年生では30人学級が、坂出小の1年生では複数担任制（40人学級で担任2人）が導入され、いずれも2、3年生は通常の40人学級でした。

　調査は、「先生の指導を子どもがどう受け止めているか」（教師の指導行

動）と「先生やクラスメートとの関係などを子どもがどう感じているか」
（学級適応）の２点です。結果は、「30 人学級」「複数担任の 40 人学級」の
ほうが、「通常の 40 人学級」より、教師の指導行動をより肯定的に受け止
め、よりよく学級に適応しているというものでした。

　保護者の意識調査も行われ、30 人学級の保護者は、40 人学級の保護者
にくらべて、先生への評価が高く、子育て不安が低いという結果も出まし
た。

　これとは別に小学１年生同士を対象にした調査も行われ、同様に 30 人
学級の子どもは、通常の 40 人学級の子どもよりも、教師の指導行動につ
いて肯定的に受け止めていました。

教室の余裕を生かす

　高松小学校では 30 人学級という環境を生かして、2008〜2009 年度に、
幼稚園教育と小学校教育の接続に配慮したよりよい指導の内容や方法、カ
リキュラムの研究も行われました。「小１プロブレム」という言葉もある
ように、遊びを通して総合的に学ぶ幼稚園と、自分の席が決まっていて教
科ごとの勉強をする小学校の違いは、子どもにとって大きなものです。入
学直後の数週間、ロッカーの片づけから机の中の用具のしまい方など、一
つひとつ覚えることが多く、ゆとりや遊ぶ時間がない。最初の「ワクワ
ク」とした気持ちが低下して、友だち関係も広がらない。一方で、教師が
子どもに注意することが増えていく。こうした悪循環が起きているのでは
ないか、という認識から、入学直後は幼稚園のカリキュラムと重なる「の
りしろ」をつくることが進められました。

　そのために設けられたのが、幼稚園のような遊びができる「コミュニ
ケーションスペース」と、朝一番の遊びの時間「スマイルタイム」でした。

調査研究から10年以上
経過したいまも、教室の
うしろに畳が置かれている

香川大学教育学部附属
高松小学校提供

　30人学級で余裕があることから、教室のうしろ部分にコミュニケーションスペースをつくることができました。幼稚園で遊んでいた積み木やドミノを備え、一角には集まりやすいように2畳ほどの畳を敷いて小さな机を置き、折り紙ができる場所にしました。

　登校して身のまわりの片づけが終わった子から、コミュニケーションスペースで遊びはじめます。たっぷり遊んだあと、朝の会、授業へと進むというスケジュールでした。この時間はスマイルタイムと名づけられ、最初は60分、次は45分、そして30分と短くして授業の時間をだんだんと多く取れるようにしたそうです。

　さて、こうした活動にはどんな意義があったのでしょうか。研究結果のまとめによると、積み木やドミノでの遊びを通して友だち関係が自然に広がりました。この遊び自体も、空間認識の力や思考力を養い、算数や図工の学習の素地となったそうです。また、朝一番の活動としたことで登校を楽しみにする子が増えました。

　先生にとっては、それぞれの子の集中力や発想力に気づくことができる場でした。一人になりやすい子どもに先生が声をかけることで、友だちが集まってくることにもなったそうです。このコミュニケーションスペースはいまも残り、畳が置かれているとのこと。

　附属小学校の教員とともに調査に取り組んだ北海道大学の川田学准教授（発達心理学）は、この取り組みの意義を「教科学習が成立するための人

遊びのなかでかわされる何気
ないやりとりが、子ども同士
をゆるやかにつなげていく

香川大学教育学部附属
高松小学校提供

間関係の土台づくりだった」と話します。夏には体育館でダンボールの家
をつくって一晩泊まるという経験もして、クラスのまとまりができ、秋以
降の学級活動や行事などにも自信をもって取り組めるようになったといい
ます。

　さらに川田さんは「30人学級により、幼稚園と小学校の接続のための
カリキュラムを考える機会を得ることができたと思います。幼稚園と小学
校の"のりしろ"として、保育室風景を切り取ったようなスマイルタイム
が、小学校の時間割のなかに組み入れられ、そこでの遊びが生活科を核と
した合科関連的な学習に連続的に発展したように、30人学級という『構
造の質』がカリキュラムという『プロセスの質』を向上させることにつな
がったといえるでしょう。現在、文部科学省は、幼児教育でも小学校で
も、集団の一斉指導ではなく、『主体的で対話的で深い学び』を実現する
教育を求めていますが、一人ひとりを大切にするカリキュラム（プロセス
の質）を実現するには、並行して人数や教室の面積（構造の質）の基準を
改善していく必要があるということです」と指摘します。この2つの質に
ついては、本書p77やp88・89で解説されているのでご参照ください。

保育でも変わってきた環境

　ここまで35人学級がいかにして実現したか、少人数学級がどのような

効果をもたらしうるのかについて紹介しました。ひるがえって、保育の世界はどうなのか、ということを少し考えてみたいと思います。

　一番の違いを感じるのは、国の保育分野の審議会などは、保育士配置基準の改善をそれほど積極的には働きかけていないということです。内閣府に「子ども・子育て会議」という組織がおかれ、有識者が保育所をめぐる政策などを審議しています。メンバーから、保育士の配置基準を改善するようにという要望が出ており、「子ども・子育て支援新制度」施行後 5 年の見直しに際しての意見取りまとめでは「引き続き検討すべき」と言及されています。ただ、政府の方針案に対して意見を述べるというおもむきが強く、実態調査や研究をベースに中教審のような提言を出す形にはなっていません。「子どもたちにもう 1 人保育士を！」のような現場の運動と研究者が連携し、超党派の国会議員を巻き込んで政府に働きかける必要があるのではないでしょうか。

　また、保育分野では、待機児童対策として保育施設の増設に財源が優先的に投じられました。保育士不足に拍車がかかり、配置基準を改善しにくい状況もあったと思います。ただ、小学校と同様に少子化が進んだ影響を受け、定員割れとなる保育所も出てきています。以前から独自に保育士を加配している自治体もあります。こうした点をみれば、小学校の少人数学級が実現したように、保育士配置基準の改善に向けた条件が開けてきているのではないでしょうか。

---

1 中央教育審議会初等中等教育分科会「今後の学級編制及び教職員定数の改善について（提言）」2010 年 7 月 26 日

2 大久保智生ほか「学級規模が児童の学級適応に及ぼす影響（1）」香川大学教育学部『香川大学教育実践総合研究』2007 年、同（2）2007 年、同（3）2008 年

3 内閣府子ども・子育て会議「子ども・子育て支援新制度施行後 5 年の見直しに係る対応方針について」2019 年 12 月 10 日

4

どこでどんな家庭に生まれても、必要な保育が行き届く制度へ

保育と社会のいい関係

朝日新聞名古屋報道センター記者
伊藤舞虹

　国の保育士配置基準では、子どもの命も育ちも守れない——。こうした危機感から、一部の保育園や自治体では独自に予算をやりくりし、基準以上の保育士を配置しています。その結果、通う園や住んでいる自治体によって、保育の質に大きなばらつきが出ているのが現状です。

　ただ、本来であれば生まれた自治体や地域に関係なく、すべての子どもに等しく質の高い保育が保障されるべきです。ここでは、自治体による取り組みとその限界、これまでの政治の動きと今後の課題をふまえながら、あるべき保育の姿について考えていきたいと思います。

いないいないばあ、をあきらめた子

　1歳児クラスの給食の時間。6人いる子どものうち1人が、同じテーブルに座る保育士に向かって「いないいないばあ」をしてみせました。自分のスタイで顔を隠しては「ばあ！」。何度も、何度もくり返します。ところが、保育士はテーブルの対角線上にいる子どもの介助に手いっぱいで気

がつきません。しばらくすると、その子はすっと表情をなくし、保育士の気を引くのをやめて、黙って食事に戻ってしまいました。

　これは、新潟県私立保育園・認定こども園連盟が2019年に取り組んだ調査研究の一コマです。保育士の配置の変化が子どもたちに与える影響を客観的に示そうと、県内の認可保育園など16園の保育士27人が参加して実施しました。どの子に向かって話したかがわかりやすい給食の時間に、保育士1人が同じテーブルについた1歳児3人をみる場合と、6人をみる場合の様子をそれぞれ録画・録音し、保育士が子どもに話しかけた回数をくらべました。

　配膳が終わり、「いただきます」をしてから10分間の様子を分析したところ、子どもが3人でも6人でも、保育士1人が子どもたちに話しかけた回数の合計は平均約190回で、大きな違いがみられませんでした。つまり「子どもが多いからたくさん話そう」とか、「少ないからそれほど声かけはしなくてもいいや」という態度の変化はなかったことになります。

　ただ、保育士がどの子に向かって話しかけたのかをテーブルごとに細かくみていくと、「声をかけられる子」と「かけられない子」の格差が顕著に表れることがわかりました　図1 。

　子どもが3人の場合、同じテーブルについた子どもの中で最も多かった子には平均で86.3回、最も少なかった子には41.7回の声かけがあり、その差は2.1倍でした。一方、子どもが6人の場合では、それぞれ61.6回と12.4回で、差は5.0倍に広がりました。

　最も差が大きかったケースでは、子ども3人の場合は4.6倍（160回対35回）でしたが、6人の場合は18.7倍（54回対3回）にまで広がりました。6人の場合、差が10倍以上になったケースは6件（22%）にのぼり、いずれの場合も、最も声かけが少なかった子には10回以下しか声がかかっていませんでした。

図1 保育士配置による声かけの回数の変化

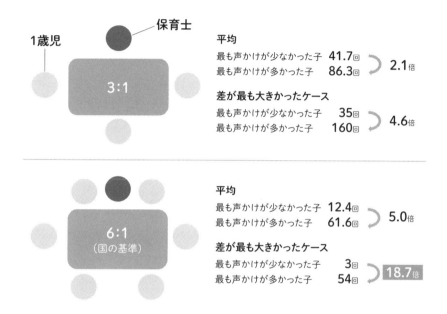

保育士

1歳児

3:1

平均
最も声かけが少なかった子　**41.7**回
最も声かけが多かった子　**86.3**回
　2.1倍

差が最も大きかったケース
最も声かけが少なかった子　**35**回
最も声かけが多かった子　**160**回
　4.6倍

6:1
（国の基準）

平均
最も声かけが少なかった子　**12.4**回
最も声かけが多かった子　**61.6**回
　5.0倍

差が最も大きかったケース
最も声かけが少なかった子　**3**回
最も声かけが多かった子　**54**回
　18.7倍

新潟県私立保育園・認定こども園連盟の報告書（2019）より

　声かけの内容にも変化がみられました。3人の場合では、子どもたちに「おいしいね」などと共感を示したり、子どもがうまく話せなかったときに保育士が気持ちをくんで言葉を返したりするようなかかわりがみられましたが、6人の場合ではこうした声かけが減り、食事を進めるために食器の持ち方や食べ方などを指示する言葉が相対的に増える傾向がみられたといいます。さらに、子どもが6人の場合には、冒頭の「いないいないばあ」のケースのように、子どもが保育士に向けて発しているシグナルに保育士が気づけないケースも多くみられました。

　研究に参加した保育士たちは取材に対し、「6対1の場合は、すべての子どもに丁寧にかかわりたいと意識していても、一番遠い席の子は視界に

入りにくく、話しかけることが難しい。お茶をこぼしてもほかの子に対応
している間はすぐにはかけよれず、もどかしかった」「たとえば主張が少
ないと思われがちな子でも個性はいろいろで、保育士に目配せなどで小さ
なアピールをしているときがある。そのときは気づかなかったが、6 対 1
のときの動画を見返してはじめて、子どものアピールを見逃していたこと
に気づいた」などとふり返りました。報告書は「6 対 1 では十分なかかわ
りができないだけでなく、かかわりがほぼなされない子どもが出ることも
明らかになった」としています。

地方での取り組みと限界

　連盟が調査研究に踏みきった背景には、新潟県が 1990 年代から取り組
んできた 1 歳児への保育士加配の補助事業が見直されることへの危機感が
ありました。新潟県は「未満児保育事業」として、1 歳児には国が定める
「子ども 6 人に保育士 1 人」よりも手厚い「子ども 3 人に保育士 1 人」の
配置ができるよう、独自に補助金を出してきました。

　ところが、2019 年に県がはじめて策定した「行財政改革行動計画」は
「全ての事務事業を対象としてゼロベースでの見直しを行い、歳出削減に
取り組む」と言及。計画づくりに向けた議論のなかで補助額の大きい未満
児保育事業も検討項目の一つにあげられました。事業の継続を求める連盟
としては、この事業が子どもたちにとってどのような効果があるのかとい
うことを、誰もが納得できる形で示す必要に迫られたのです。

　連盟の松野敬事務局長は「切羽つまったなかで生まれた研究」とふり返
りますが、保育士の配置の変化によって生じる声かけの格差は想像以上
だったといいます。「6 対 1 の配置では、保育士が子どもの成長につなが
る瞬間を拾いきれないどころか、気づきもしないままスルーしてしまう。

手のかからない、目立たない子ほどかかわってもらえなくなる傾向が目に見えてわかりました」。連盟はこのデータをもとに県への陳情を重ね、結果的に事業そのものは継続されました。ただ、伊東一男会長はそれだけでは不十分だとし、「そもそも国の配置基準が変わっていないことがおかしい。どの地域でも質の高い保育ができるよう、国の制度を変えてもらいたい」と訴えています。

　同じく厳しい財政事情のなかで、保育関連の補助金の削減に踏みきった自治体もあります。京都市は2022年度から財政改革の一環として、民間保育園の保育士らの給与を独自に補助する制度を見直し、予算額を前年度の66億円（一般財源ベース）から13億円減らしました。

　京都市の説明では、これまで保育園が国からの補助金と市の補助金のどちらを優先的に使うかの明確な基準がなかったため、これを見直して、国の補助金を受け取っても不足する分を市が補助する運用にしたといいます。そのうえで人件費の補助額を職種ごとに定めて別の職種には使えないようにし、保育士の平均経験年数に応じて増える加算を11年で頭打ちにしたり、園の定員にかかわらず事務員は1人として算定したりすることになりました。

　2020年度の園児数や職員数などの実績をもとに市が示した試算では、補助金の対象となる265園のうち215園（81%）で補助額が減額に。最大で約4200万円の減額となるケースもありました。

　現場からは悲痛な声があがっています。「基準よりも多くの人を配置してきたが、今後どうなるのか」「大幅な賞与カットをしないと経営できない」「基本給を減額せざるをえない」「給食のおかずを一品減らさざるをえない」……。

　「今年度は積立金を取り崩してしのぎましたが、来年度以降は職員の給与に手をつけなければならなくなるかもしれません」。京都市の認可保育

園「みつばち保育園」の丸国朋子園長も、園運営の苦しさに頭を悩ませる一人です。

みつばち保育園では非常勤を含め36人の職員を抱えていますが、2022年度は800万円強の減収となることが同年11月までに判明。みつばち保育園の保育士の平均経験年数は16年で、加算が11年で頭打ちになる制度の影響をもろに受けてしまいました。市が想定する常勤保育士1人分の人件費を上回る額の減額となったうえ、翌年度以降の補助額も見通せず、先が読めない不安があるといいます。

園では補助金を工面しながら国基準よりも手厚く保育士を配置しており、これまで年度途中の入園に合わせた職員採用もしてきましたが、2022年度は踏みきれないでいます。障害のある園児も、職員の加配をするなどして積極的に受け入れてきましたが「来年度以降、同じように受け入れられるか不安」といいます。

京都保育団体連絡会の藤井伸生会長は「補助金の切り下げは保育の質に直結する」と問題視しつつ、「市が何十億も出さなければ保育の質が維持できないこと自体が問題だ」と指摘。「本当に問われるべきは、配置基準の低さをはじめとする保育制度の貧しさで、国の責任は大きい」と話しました。

配置基準の改善は夢物語か

子どもたち一人ひとりと顔を見合わせて、「おいしいね」と言いながら給食を食べたい。障害のある子もない子も、同じように温かく迎え入れたい──。現場の保育士たちがいくら願っても、子どもたち一人ひとりに丁寧に向き合う保育を各園や自治体の努力だけで維持することには、もはや限界が来ています。最長で70年以上も変わらない配置基準。これを改

善してほしいという現場の願いは果たして、夢物語に過ぎないものでしょうか。

　結論から言えば、それは決して過大な要求ではありません。職員配置の改善については、政府自身がすでに実施を約束しています。

　話は10年前にさかのぼります。民主党政権下の2012年、消費税率を段階的に10％に引き上げ、その増税分を使って社会保障改革に取り組むことを民主、自民、公明の3党で合意しました。その改革の目玉として掲げられたのが子ども・子育て支援の充実で、3党合意の「確認書」には「幼児教育・保育・子育て支援の質・量の充実を図るため、今回の消費税率の引き上げによる財源を含めて1兆円超程度の財源が必要であり、政府はその確保に最大限努力する」ことが明記されました。消費増税によって見込まれる財源は約7千億円でしたが、ここにさらに3千億円超を上積みして子育て支援に充てることが確認されたのです。

　その後、国会で行われた「子ども・子育て支援法」など関連3法の審議でも、参議院特別委員会の附帯決議として「幼児教育・保育・子育て支援の質・量の充実を図るためには、1兆円超程度の財源が必要であり、今回の消費税率の引上げにより確保する0.7兆円程度以外の0.3兆円超について、速やかに確保の道筋を示すとともに、今後の各年度の予算編成において、財源の確保に最大限努力するものとすること」が盛り込まれました。

　こうして与野党にまたがる政治的な合意を土台として、2015年から「子ども・子育て支援新制度」がスタートするのですが、この制度づくりに向けた議論のなかで「1兆円超」の具体的な姿が見えてきます。2014年当時の政府の試算では、待機児童の解消など子育て支援の「量的拡充」に4273億円、保育士の処遇改善など「質の向上」に6865億円、あわせて1兆1138億円がかかることがわかりました。

　職員配置の改善は、この「質の向上」の実施項目案のなかに盛り込まれ

表1 政府が公表した「量的拡充」と「質の向上」項目案

消費税の引き上げにより確保する 0.7 兆円の範囲で実施する事項と
0.3 兆円超の追加の恒久財源が確保された場合に 1 兆円超の範囲で実施する事項の案。

	量的拡充	質の向上 ※
所要額	0.4 兆円程度	0.3 兆円程度～0.6 兆円超程度
主な内容	●認定こども園、幼稚園、保育所、地域型保育の量的拡充（待機児童解消加速化プランの推進等）	◎3 歳児の職員配置を改善（20：1→15：1） △1 歳児の職員配置を改善（6：1→5：1） △4・5 歳児の職員配置を改善（30：1→25：1） ○私立幼稚園・保育所等・認定こども園の職員給与の改善（3%～5%） ◎小規模保育の体制強化 ◎減価償却費、賃借料等への対応　など
	●地域子ども・子育て支援事業の量的拡充（地域子育て支援拠点、一時預かり、放課後児童クラブ等）	○放課後児童クラブの充実 ○一時預かり事業の充実 ○利用者支援事業の推進　など
	●社会的養護の量的拡充	◎児童養護施設等の職員配置基準の改善 ◎児童養護施設等での家庭的な養育環境の推進 ○民間児童養護施設の職員給与等の改善　など

子ども・子育て支援新制度開始当時、「質の向上」のために必要として職員配置の改善が掲げられていた

量的拡充・質の向上　合計　0.7 兆円程度～1 兆円超程度

※「質の向上」の事項のうち、◎は 0.7 兆円の範囲ですべて実施する事項。○は一部を実施する事項、△はその他の事項

内閣府子ども・子育て本部配布資料「子ども・子育て支援新制度について」（2015 年 5 月 21 日）より

ています **表1**。1 歳児の職員配置を 6：1 から 5：1 に、3 歳児の職員配置を 20：1 から 15：1 に、4・5 歳児の職員配置を 30：1 から 25：1 に改善するとされ、当時の試算ではそれぞれ 670 億円、700 億円、591 億円程度の財源が必要とされました。

　ところが、消費増税分とは別の 3 千億円超の財源確保をあとまわしにした政府は、「待機児童ゼロ」に向けた「量的拡充」を優先させ、「質の向上」は試算の半分以下の 3 千億円分の項目にしぼって新制度をスタートさ

せます。このとき、3歳児の職員配置については、基準の見直しではなく
加配をした場合の補助を拡充する形で実施しましたが、1歳児と4・5歳
児については棚上げされ、いまも手つかずのままになっています。

チャンスはあった

　新制度スタートから7年。この間にも、職員配置の改善に取り組むチャ
ンスは何度かありました。

　一つは2016年。「保育園落ちた日本死ね！！！」と題した匿名ブログで
世間の関心が待機児童の問題に集まり、政府も対応を余儀なくされまし
た。ところが、政府がブログの投稿から1ヵ月ほどでまとめた緊急対策
は、すでにある施設を活用して子どもの受け入れを増やすための規制緩和
が柱となり、国の基準より手厚く保育士を配置している自治体に対し、国
の基準並みに引き下げて園児を受け入れることなどを要請するものでした。

　この要請は、「保育の質」の低下を防ぐため、保育園に対し「（自治体が
条例で定める）最低基準を理由に設備や運営を低下させてはならない」と
定めた厚生労働省令に事実上抵触するものでした。自治体からも強い反発
を受けましたが、「待機児童ゼロ」というわかりやすい達成目標に向けて
なりふり構わず突き進む政府の姿勢が鮮明に表れた出来事でした。その後
策定された「ニッポン1億総活躍プラン」で保育士の処遇改善策も盛り込
まれましたが、新制度で掲げた職員配置の改善はここでもあとまわしにな
りました。

　翌年、物事はさらに大きく動きます。安倍晋三元首相が9月、それまで
に2度延期していた消費税率10％への引き上げを予定通り2019年に行う
ことを表明。その際、増収分の使い道を変えて幼児教育・保育の無償化な
どに充てることを突如表明し、「国民の信を問う」として解散・総選挙に

踏みきりました。

　もともと、消費税率を 8％から 10％に引き上げた際に得られる 5 兆円超の税収は、4 兆円余りを国の借金の返済に、残り 1 兆円余りを子育て支援のほか介護や年金など社会保障の充実に割りあてることになっていました。安倍元首相はこの借金返済分を減らすなどし、幼児教育・保育の無償化に加えて大学など高等教育の一部無償化、保育や介護の受け皿拡大などに計 2 兆円を振り向けることを決めました。

　この安倍元首相肝いりの「2 兆円パッケージ」は、関係省庁との協議がないまま官邸主導で決められたものでした。水面下では、厚生労働省側から職員配置の改善を盛り込むべきだと働きかける動きもありましたが、関係者は「官邸は聞く耳を持たなかった」とふり返ります。

　こうして、必要な政策を積み上げる形ではなく、選挙をにらんだ「2 兆円」という数字ありきで政策が決まり、3〜5 歳児を中心とした幼児教育・保育の無償化に 8 千億円、保育の受け皿拡大に 3400 億円、保育士の処遇改善に数百億円……と巨額の予算が振り分けられていきました。2 兆円の 1 割にも満たない額で、新制度で約束した 1 歳児と 4・5 歳児の職員配置の改善は実現できた計算ですが、ここでも現場の願いは政治に阻まれてしまいました。

　このほか、政府は待機児童解消に向けた「待機児童解消加速化プラン」（2013〜2017 年度）、「子育て安心プラン」（2018〜2020 年度）、「新子育て安心プラン」（2021〜2024 年度）を相次いで打ち出しています。いずれも施設増に加えて、不足する保育人材の確保策を盛り込みましたが、配置基準の改善には言及していません。それどころか新プランでは待機児童のいる自治体に限り、各クラスに 1 人は配置が必須とされていた常勤保育士を短時間勤務の保育士 2 人で代替できるようにするなど、「安心」をむしろ遠ざけるような規制緩和が盛り込まれました。

こども家庭庁の発足に向けて

　そしていま、子ども関連の政策を抜本的に変えうる大きな政治の波が再び訪れようとしています。政府は2023年4月、子どもに関連する諸課題に一元的に取り組む「こども家庭庁」を発足させます。保育だけでなく、少子化対策や児童虐待防止、ひとり親の支援など、これまで内閣府や厚生労働省に別々に置かれていた子ども関連の部局をひとまとめにし、就学前のすべての子どもの育ちの保障や、すべての子どもの居場所づくりなどを主導するとされています。

　子ども向けに作成されたパンフレットには「大人が中心になっていたこの国や社会のかたちを『こどもまんなか』へと変えていく司令塔として、こども家庭庁という国の新しい組織をつくることになりました」「こども家庭庁は、いつも、こどもにとって何が大切かを、こどもの目線で考えて、政府の仕事をリードしていきます」と書かれています。

　こども家庭庁で実施する政策の必要経費として、2023年度予算案の概算要求額は特別会計も含めて4兆7510億円にのぼりました。予算編成過程でさらに上積みされる可能性もあります。岸田文雄首相は将来的に子ども政策の予算額を倍増させることを目標に掲げており、2022年10月には国会で「来年度の骨太の方針に倍増への道筋を示す」と述べました。

　明確な財源の裏づけがないなかでどのようにして「倍増」を実現するのか、政権の本気度が問われるところですが、ともあれ国の子ども政策が大きく変わろうとするいまこそ、子どもたちにとって望ましい保育環境について一から議論し直すべきです。これまでのように数字ありきで政策をはめ込んでいくのではなく、本気で「こどもまんなか」の視点に立ち、子どもたちの豊かな育ちを保障するために必要な政策を一から積み上げていく

べきではないでしょうか。

　これを機に、保育園がこれまでに背負ってきた役割も一度棚卸しをする必要があるでしょう。たとえば保育園は原則として週6日、1日11時間開園することが求められていますが、延長保育なども含めた開園時間は保護者の労働環境に合わせる形で年々長時間化しています。保護者にとっては働きやすくなったようにも見受けられますが、日本総合研究所の池本美香上席主任研究員は「本来なら長時間労働の見直しこそ議論されるべきだった」と指摘しています。保育園に長時間の開園を余儀なくさせる保護者の働き方、そしてそこまで働かなくては安心して家族の将来を見通せないいまの社会の仕組みにこそ、見直すべき課題がないでしょうか。保育士も保護者も、ともにゆとりをもって子どもと向き合える働き方を模索する必要があります。

　そのうえで、どこに生まれても、どの保育園に通っていても、子どもたちに質の高い保育を受ける権利を制度として保障すべきです。質の向上のためには、平均月給が全産業平均にくらべて約8万円低い保育士のさらなる処遇改善に加え、世界的にみても劣悪な保育室の面積基準や、大きすぎる集団規模の問題にも手をつけていく必要があるでしょう。すべての子どもに良質な保育を担保するには、保育の質を客観的に評価し、公表する仕組みも検討すべきです。保育をめぐる課題は山積しています。

　なかでも「質」の根幹を担う保育士の配置基準の改善が待ったなしの課題であることは、もはや言うまでもありません。どの保育園でも十分な配置がなされるよう、加配をした場合の補助を設けるのではなく、基準そのものを改善する形で実現すべきです。

　こども家庭庁の発足と同時に施行される「こども基本法」は、実現すべき社会の姿を以下のように明記しています。

日本国憲法及び児童の権利に関する条約の精神にのっとり、次代の社会を担う全てのこどもが、生涯にわたる人格形成の基礎を築き、自立した個人としてひとしく健やかに成長することができ、心身の状況、置かれている環境等にかかわらず、その権利の擁護が図られ、将来にわたって幸福な生活を送ることができる社会　（第一条より抜粋）

　さらに法律の基本理念では、すべての子どもが「個人として尊重され、その基本的人権が保障される」ことや「差別的取扱いを受けることがない」こと、子どもたちにとって「最善の利益が優先して考慮される」ことなどが盛り込まれ、国や自治体に対し、この基本理念にのっとって子ども施策を策定・実施する義務を課しています。

　子どもたちが０歳から就学前までの６年間を過ごす保育園はまさに「生涯にわたる人格形成の基礎を築」く場です。保育士との温かなかかわりを通じ、その子もまた、人との豊かなかかわりを学んでいきます。その後何十年と続く人生の土台をつくる保育の質に、格差があっていいはずがありません。新たな法律でうたわれた理念に照らしても、地域や施設によって受けられる保育の質にばらつきが生じてしまう現状は早急に是正する必要があります。

保育園は共働き家庭だけのものか

　最後に、保育園の質の向上が決して「共働き家庭」のためだけの話ではなく、すべての家庭に恩恵をもたらしうることもつけ加えておきたいと思います。

　こども家庭庁は2023年度以降、保育園や幼稚園に通っていない「無園児」と呼ばれる子どもたちへの支援を本格化させる方針を打ち出しました。

待機児童の減少にともない定員に空きのある保育園が出てくるなか、この空き枠を活用して定期的に子どもを預かる仕組みなどを検討しています。

　こうした議論のなかで、「保育の必要性」の正当性を問い直す動きも出てきています。現行の制度では、保育園を利用するには、保護者が自治体から「保育の必要性」の認定を受ける必要があります。保護者の就労や疾病のほか、新制度以降は求職活動や就学などの理由でも認定を受けられるようになりましたが、利用希望者の多い地域では保育の必要性を満たしていたとしてもさらにその中で優先順位がつけられるため、実質的には「フルタイム共働き」の保護者でなければ利用が困難です。また、疾病や介護などの特別な事情がない専業主婦（専業主夫）は制度の対象外です。

　ところが、専業主婦家庭にも「孤育て」に陥るリスクはあります。認定NPO法人フローレンスが 2022 年 3 月、第 1 子が未就学児の保護者 2000人を対象に行ったアンケートでは、「子育ての中で孤独を感じる」「まあまあ感じる」と答えた人の割合が保育園や幼稚園の利用者で 33.2 ％だったのに対し、「無園児」家庭では 43.8 ％と 10 ポイントほど高くなりました 。

　また、「子どもに手をあげてしまいそうなことがある」「子どもを怒鳴ってしまうことがある」と回答した家庭ほど、そうでない家庭とくらべて定期的に保育園などを「利用したい」と答えた割合が高くなる傾向もみられました 表2 。しかし、保育園の一時預かりを利用した経験は無園児家庭で 1 割強にとどまることもわかり、子育てに困難を抱える家庭が保育園につながりにくい現状が浮かびました。

　別の研究では、3 歳以上の無園児が社会的に不利な家庭に多い可能性があることも指摘されています。北里大学で講師を務めた可知悠子さんらが2019 年にまとめた全国調査では、2001 年生まれの子どもが 4 歳だったときの状況を分析。世帯所得を均等に 5 つの群に分けて比較した場合、最も低所得の世帯は最も高所得の世帯より未就園の可能性が 1.5 倍高いことが

表2 虐待リスクと保育ニーズ

「子どもに手をあげてしまいそうなことがある」傾向と定期保育サービスの利用意向

	とても 利用したい	まあ 利用したい	どちらでも ない	あまり利用 したくない	まったく利用 したくない	とても利用したい+ まあ利用したい
あてはまる	46.2%	28.3%	15.2%	7.6%	2.8%	**74.5%**
やや あてはまる	23.0%	33.3%	30.5%	7.0%	6.2%	**56.3%**
あまりあて はまらない	21.5%	31.9%	29.8%	8.9%	8.0%	53.4%
あてはまら ない	18.3%	33.9%	25.5%	10.8%	11.6%	52.2%

リスク行動がみられる家庭ほど定期保育サービスの利用意向が高い

「子どもを怒鳴ってしまうことがある」傾向と定期保育サービスの利用意向

	とても利用 したい	まあ利用 したい	どちらでも ない	あまり利用 したくない	まったく利用 したくない	とても利用したい+ まあ利用したい
あてはまる	36.0%	29.5%	19.3%	10.6%	4.5%	**65.5%**
やや あてはまる	25.9%	33.0%	29.1%	6.2%	5.7%	**58.9%**
あまりあて はまらない	13.1%	39.1%	29.4%	10.4%	8.0%	52.2%
あてはまら ない	19.4%	26.1%	28.4%	9.5%	16.6%	45.5%

認定 NPO 法人フローレンス（2022）より

わかりました。同様に、一人っ子とくらべて、3人以上のきょうだいがいる場合では 1.9 倍、両親のいずれかが外国籍の場合では 1.5 倍、未就園の可能性が高くなりました。

また、妊娠 36 週未満の早産だったことや、先天性の疾患があること、発達の遅れがあることも、そうでない場合とくらべて未就園の可能性が高まることもわかりました。可知さんらは「保育園・幼稚園等の利用に係る障壁を取り除く努力をして、幼児教育を受ける機会の公平性を担保するこ

とが望まれます」と提言しています。

　愛知県では2021年、未就園に陥りやすいとされる外国籍の子どもが、無届けの保育施設で亡くなる事故も起きています。事故があったのは同じく外国籍の園長が自宅で運営していた保育施設で、当時1歳5ヵ月の男の子がパンをのどにつまらせたあと、亡くなりました。この園には口コミを通じて絶えず利用者が集まっていましたが、国が定めた職員配置基準を満たさず、安全とは言いがたい環境で保育が続けられていました。

　外国にルーツのある子どもを支援する団体への取材からは、現行の「保育の必要性」認定の手続きが、保育園利用の障壁の一つになりうることがわかりました。たとえば派遣社員として働く保護者が、登録している派遣会社から「明日から働いて」などといわれ、あわてて預け先を探したケースもありました。保育の必要性認定を得るために自治体に提出する就労証明書を準備する時間もないまま、無届けの施設に流れざるをえなかったといいます。

どこで、どんな家庭に生まれても

　「無園児」を保育園で定期的に受け入れる試みは一部ではじまっています。

　認定NPO法人フローレンスが仙台市で運営する「おうち保育園かしわぎ」では2022年4月から、0〜2歳児を対象に空き枠を活用した定期一時預かりをスタート。10月時点で5人分の空き枠を活用し、8人の子どもを受け入れています。通う頻度は家庭の事情に応じ、月2、3回から週3日までさまざま。保護者は1日3千円（半日利用は1500円）と昼食代などの実費を支払います。保育は在園児と一緒に行われ、子どもたちが「きょうは○○ちゃん来るの？」と定期利用の子が来るのを楽しみにしている様子

もみられるといいます。

　利用中の保護者からは「子どもが登園を楽しみにしており、自分で朝の支度をするようになった」「言葉が少なかったのがよく話すようになった」といった子どもの変化が聞かれるそうです。転勤族の多い土地柄、知り合いのいないなかで日中は子どもと2人きりで過ごしている保護者も多いといい、「保育園の先生と話すことで、久しぶりに家族以外の大人と話すことができた」「うつになりかけていたが、園に通わせてもらえるようになって本当に救われた」「コロナでずっと家にいて、子どもが同世代の子とかかわる機会がないことを心配していたので、とてもよかった」といった声も寄せられています。

　フローレンスの赤坂緑代表理事は「はたから見れば何の問題もなく子育てしているように見えても、孤独な育児で追いつめられてしまうことは誰にでも起こりうる。どんな家庭であっても保育園につながれるよう、就労などの条件つきで入園を認めるいまの制度は改めるべきだ」と話します。

　一方、子どもの受け入れには保育園側に一定の負担が生じるのも事実です。空き枠の活用といっても、「おうち保育園かしわぎ」では5人の枠で8人を受け入れており、入園手続きやアレルギー対応といった作業は定員より3人分増えることになります。また、定期一時預かりが制度化され、新しく受け入れた子どもたちにも週案や月案などをつくることになれば、それだけ負担は増していきます。赤坂さんは「現場の負担増も考慮したうえでの制度設計が必要」とし、フローレンスの保育園でも独自に実践・検証をしているといいます。こども家庭庁も2023年度から、定員に空きのある保育園で無園児を定期的に預かるモデル事業に乗り出す方針を打ち出していることから「事業の結果もふまえ、持続可能な制度の設計になるよう期待している」と話し、業務をサポートするための人件費の補助などの検討も必要になるとみています。

　そのうえで、無園児の支援に限らず、従来の保育の役割をこえ、地域の子どもたちに開かれた保育園を増やしていくためにも、配置基準の見直しは急務だと訴えます。待機児童が減少し、保育園の役割自体に変化が求められるなかで、「いまは保育園の多機能化を進めるチャンスでもある」。実際、仙台市内にあるフローレンスの「おうち保育園」3園では、地域の居場所として、子どもが18歳以下の子育て家庭なら就園の有無を問わずに利用できる「ほいくえん子ども食堂」を開いています。保護者同士や、保護者と保育士の会話の流れから保育士が子育て情報を提供したり、保育サービスの提案をしたりしたケースもあるといいます。

　ただ、現行の国の配置基準では「地域の親子にとってプラスになることはわかっていて、やりたいかやりたくないかと問われればやりたいけれど、現状は目の前の子どものことで手いっぱいで二の足を踏んでしまうケースも多いのでは」と話します。

　配置基準を改善し、ゆとりをもって保育ができる環境を整えることは、保育の質を底上げするだけでなく、保育園を地域に開く新たな取り組みを後押しする力にもなります。どこで、どんな家庭に生まれても、必要な保育が行き届く制度へ。時代に合わせた保育園の役割の変化も見据えながら、議論を深めてもらいたいと思います。

参考文献

・新潟県私立保育園・認定こども園連盟（2019）「1歳児の保育士配置の検討：3対1と6対1の比較」　https://www.nsihoren.com/　よりダウンロード可能

・認定NPO法人フローレンス（2022）「無園児家庭の孤独感と定期保育ニーズに関する全国調査」　https://florence.or.jp/news/2022/06/post52393/

・可知悠子ら（2019）「社会的不利や健康・発達の問題が3、4歳で保育園・幼稚園等に通っていないことと関連──約4万人を対象とした全国調査の分析から──」
https://www.kitasato.ac.jp/jp/news/20190327-01.html

寄稿　この本を手にとってくださった**みなさまへ**

子どもたちにもう1人保育士を！実行委員会
呼びかけ人　**平松知子**

子どもたちからまっすぐに発せられる「こうしたい」「すぐに来てよ」の要求に、「ちょっと待っててね」「あとでね」と言うことがなかった2020年の春。新型コロナウイルス感染症の第一波で、登園児童が半分ほどになったとき、全国の保育者が「あれ？」と感じたはずです。

なんだか、保育が楽しい。いつもはなかなか聞こえないような、声の小さな子の気持ちもすぐに拾ってあげられる保育。保育者自身がイライラせずに、ゆったりとどんな子どもの声にも応じてあげられる保育。子どもたちも落ち着いて一日が過ごせ、友だちとも保育者とも笑い合って遊ぶ一日が、そこにありました。そのとき、私たちは気づいたのです。「これが私たちの本当のやりたい保育なのだ」と。

私たち日本の保育者は、「やりたい保育」ではなく「これならなんとかやれる保育」をやっていたのです。「30人の幼児を1人で掌握できる保育者が一人前」という呪縛は、乳児クラス担当になれば「1人で6人の1歳児を寝かせられない私」という焦りとなり、散歩や午睡、プール、食事の場面で、「もしかしたら子どもたちを守れないかもしれない」と恐怖を感じても、誰にも言えない。そうやって心身をすり減らす日々を重ねたあげく、「私はむいていない」と現場を去っていく仲間をたくさん生んできました。保育が好きで、保育がやりたくて、保育者になったのに。

でも、それは私たち保育者が責められるものなのか？

　いや、この国の配置基準が劣悪だからなのではないだろうか?

　ずっと「保育士増やせ」の声をあげ続けているのに、なぜずっと配置基準は変わらないのか?

　私たちのこの疑問は、ほかの保育者に問いかけるたびに、大きくふくらんでいきました。保育制度を抜本的に変えなければ、子どもの安全と育ちは守れない。まず、山のように動かずにいる「配置基準」を変えたい。

　一番身近にいる保護者たちにも率直に投げかけてみました。「ねぇ、先生たちの言う6対1とか、正直よくわからないよ」と言いながら、私たちの説明に耳を傾けていた保護者たち。「あ〜お迎えのときに『いつも忙しそうだな』って声がかけづらいのとかあるものね」。このリアルな反応と共感に、私たちは大きな力をもらいました。

　私たちのささやかな、最低限の願いは、誰もが共感できる「子どもたちにもう1人保育士を!」という合言葉となって、あっという間に全国に広がりました。保護者たちも、保護者から保護者へと、一緒に運動を広げてくれています。

　でもこの運動は、保育者だけでも、保護者だけでもダメで、社会に広がってこそだと、私たちは当初から考えていました。そんなとき、「子どもたちにもう1人保育士を!」の声を聞きつけ、現場に足を運んで取材し、社会に届けてくれたのは、マスコミのみなさんでした。

　本書を書いた7人の記者さんたちも、いち早く、くり返し記事を書いてくれています。子どもを産んでも自分らしく働き続けることに多くの困難を抱えながら、仕事も、わが子の良質な保育も、どちらもあきらめたくない。記者さんたちご自身もそんな思いで家族とがんばり続ける毎日を送っているからこそ、鍛えぬかれた記者の目線に、当事者としての保護者の目線も加わって、子どもを育てるということの本質に迫り、そこを支えるは

ずの保育制度がおざなりのままでよいはずがないと、立ち上がってくれた
のではないかと思います。その姿が、誠実な取材に裏づけられたペンの力
が、私たちをどれほど勇気づけたか、どれほど多くの人に声を届けてくれ
たのか、言葉にならないほどの感謝を感じています。

　2022年、バス事故など送迎時の置き去りや園外への飛び出しで命を落
とした子どもたちが相次ぎました。不適切な保育で傷ついた子どもたちも
います。私たちは事件を耳にするたびにこう思います。「そこのクラスは
何人の子どもを何人の保育者でみていたのだろう？」と。そこが第一の原
因ではないかもしれないけれど、クラスサイズや配置の貧困さが、どの現
場にも横たわっているに違いないからです。

　市民が子連れで行きかう公園で開かれた集会のステージ。本書にも登場
する保護者の川口遥野さんは、「私たちは、先生たちがどんな思いでがん
ばってくれているのかを知っています」と保護者も同じ思いであることを
伝えてくれました。実行委員会の呼びかけ人の一人で公立保育所で働く田
境敦さんは、「今日もあのさみしそうにこちらを見ている子のすぐそばに
行ってやれなかった、そんなくやしい思いを毎日抱え、必死に現場を守る
仲間たちがたくさんいるのです」と声をつまらせます。

　子どもの笑顔に何度も救われ、「あ〜楽しかったね」の毎日をつむげる
保育という仕事は、楽しくやりがいのある仕事です。でも、この国の配置
基準では、笑って保育をすることが難しいのです。自治体や施設間格差も
生まれてしまいます。

　この本を手にとってくださったみなさま。どうか、この「子どもたちに
もう1人保育士を！」の声を、そばにいる保育者に、保護者に、ほかの誰
かに、届けてください。そうやってこの声が社会のすみずみに広がり、つ
いに山が動き、すべての子どもとその子どもを見つめる保育者や家族が笑
顔になれる日を、みなさんとともに喜び合いたいと思います。

執筆者

プロフィール

浦島千佳
朝日新聞名古屋報道
センター記者

うらしま・ちか
1984年生まれ。北海道報道センターや東京総局を経て現職。主に教育や子育ての話題を取材。2人の子どもが保育園に通うようになり、子どものことを一緒に考えてくれる人がいるありがたさを感じています。

加藤沙波
毎日新聞中部報道
センター記者

かとう・さなみ
1984年生まれ。更生保護や障害者福祉などの取材を通し、子どもの生育環境のあり方について関心をもってきました。息子たちの成長をともに見守ってくれる保育士さんたちに、自分自身も日々支えられています。

中井なつみ
朝日新聞東京本社
くらし報道部記者

なかい・なつみ
1987年生まれ。13年生まれの長男の保活に悩んだとき、自身も数十年前の「待機児童」だったことに驚き、保育の話題に関心をもつ。毎日駆け込みのお迎えでも、保育園に見守ってもらえるありがたさを実感しています。

田渕紫織
朝日新聞子育て世代の
ページ「ハグスタ」編集長

たぶち・しおり
1987年生まれ。東日本大震災被災地などでの取材を経て、子どもや保育について主に取材。相次ぐ事故の取材では胸が塞がれます。子ども時代は保育園でたっぷり遊び、いまも子どもとともに保育園に支えられています。

奥野斐
東京新聞
社会部記者

おくの・あや
1983年生まれ。社会部などで保育や子ども、ジェンダー、LGBTQの課題を取材。転勤もあり2人の子育てで計7ヵ所の公立・私立保育園、幼稚園に預けました。園による保育環境の違い、質の問題の切実さを痛感しています。

堀井恵里子
毎日新聞東京本社
くらし医療部デスク

ほりい・えりこ
1974年生まれ。政治部や論説室などを経て現職。主に厚生労働省を担当し、医療・年金や子どもの貧困対策、保育事故などを取材。子どもの保育士さんからは専門性に裏づけされたアドバイスをいただき、助かりました。

伊藤舞虹
朝日新聞名古屋報道
センター記者

いとう・まいこ
1986年生まれ。2014年、保育園の建設反対運動の取材を機に保育問題に関心をもち、取材を続けてきました。もうすぐ2歳の我が子も保育園大好き！寝言でも担任の先生の名前を呼ぶほどで、日々の温かなかかわりに感謝。

● **著者**──浦島千佳・加藤沙波・中井なつみ・田渕紫織・
　　　　　奥野斐・堀井恵里子・伊藤舞虹
● **協力**──子どもたちにもう1人保育士を！実行委員会

● **装幀・本文デザイン**──山田道弘
● **カバー写真**──川内松男

保育を見つめ語らい変える No1

子どもたちにせめてもう1人保育士を

時代遅れの保育士配置基準をいますぐアップデートすべきこれだけの理由

2023年1月20日　初版発行

著　者	浦島千佳
	加藤沙波
	中井なつみ
	田渕紫織
	奥野斐
	堀井恵里子
	伊藤舞虹
発行者	名古屋研一

発行所　㈱ひとなる書房
東京都文京区本郷2-17-13
電話　03-3811-1372
FAX　03-3811-1383
e-mail: hitonaru@alles.or.jp

©2023　組版／リュウズ　印刷／中央精版印刷株式会社
＊落丁本，乱丁本はお取り替え致します。

保育を見つめ語らい変える No2

里山の保育 過疎地が輝く もう一つの保育

宮里六郎 編著　岩根治美／奥村智美／倉世古久美子／橋本志穂／鍋田まゆ 著

自然との共生、多様な人々との共存。
SDG s 時代を生きる人間に求められる、感性的土台を育む保育がここに！

第1部　里山の保育実践——地域まるっと保育園
第2部　過疎地の里山保育理論——里山保育スタイル構築のために

この土地で暮らすみんなの手で
この土地の保育を創っていく
里山保育は明日を拓くコモンズ（分かち合いの場）

●A5判128頁・カラー口絵4頁 ●定価（本体1400円＋税）● ISBN978-4-89464-294-2

このままでは働き続けることがつらい保育の仲間たちへ

保育者が見つめたこの10年、
保育者が願うこの先の10年

平松知子 著

Ⅰ 子どもの笑顔を守りたい

Ⅱ 安心して働ける職場づくり

あ～おもしろかった♪
コレ、保育者には
ごほうびのコトバ。

Ⅲ 親として、働くおとなとして

Ⅳ 制度を変えるのは私たち

鼎談
川田学×平松知子×藤原辰史
給食室カウンターの冒険

●四六判208頁 ●定価（本体1400円＋税）● ISBN978-4-89464-285-0